Original Japanese title : Sekai E Jiten
Originally published in Japanese by PIE International in 2015.

PIE International
2-32-4 Minami-Otsuka, Toshima-ku, Tokyo 170-0005 JAPAN

© 2015 akemi tezuka / hiroko murata / PIE International

All rights reserved. No part of this publication may be reproduced in any form or by any means, graphic, electronic or mechanical, including photocopying and recording by an information storage and retrieval system, without permission in writing from the publisher.

Ericyang Agency를 통해 PIE BOOKS.와 맺은 독점 계약에 따라 이 책의 한국어판 저작권은 ㈜사계절출판사가 소유합니다. 저작권법에 따라 한국 내에서 보호를 받는 저작물이므로 무단 전재와 무단 복제를 금합니다.

세계 나라 사전

WORLD
Picture Dictionary

테즈카 아케미 그림 | 타카모리 마쓰미 옮김
후키우라 타다마사 감수

사계절

일러두기

- 대한민국 외교부에서는 대한민국을 포함하여 세계의 국가 수를 194개국으로 정하고 있지만(2015년 10월 현재), 국제 연합 가입 여부 등을 고려해 이 책에서는 모두 197개국을 싣고 있다.
- 이 책에 실은 정보는 2015년 10월 현재를 기준으로 했다.
- 국가의 배열 순서는 아시아, 유럽, 남북 아메리카, 오세아니아, 아프리카의 지역으로 국가를 구분하고 지역별로 가나다순에 따랐다.
- 러시아는 지리적으로 유럽과 아시아에 속하지만 수도 모스크바가 유럽에 위치하고 있어 유럽으로 분류했다. 튀르키예, 이집트도 같은 기준으로 다루었다.
- 일부 국가의 경우 중앙 정부의 소재지와 별도로, 그 국가의 중심 지역으로 인정받는 도시를 실질적인 수도로 표시했다. 이때에는 실질적인 수도를 괄호 안에 적어 넣었다.

  예) 탄자니아의 경우: 도도마(다르에스살람)
  　　볼리비아의 경우: 수크레(라파스)

- 세계 지도상에 흰색으로 표시되어 있는 부분은 국경 및 귀속이 불분명한 지역이다. 이 밖에도 국경 및 귀속이 불분명한 지역이 다수 존재한다. 면적이 좁은 지역은 이 책의 지도상에 국경을 표시하는 게 쉽지 않아 생략했다.
- 국기의 크기는 국제 연합과 국제 올림픽 경기 대회에서 채택하고 있는 세로 2 : 가로 3의 비율을 기준으로 삼았다. 다만, 네팔과 바티칸은 예외이다.
- 지역별 세계 지도에 표기한 번호는 각 국가의 지도에 표기한 번호와 같다.
- 이 책에 나오는 국가 이름은 재외공관(대사관, 영사관, 문화원 등)의 기관명과 『초등학교 사회과부도』에 따랐다.
- 이 책에 나오는 도시, 유적, 유물, 음식명 등 고유명사와 일부 보통명사는 한국의 유네스코세계위원회와 초등학교 교과서 표기 및 외래어 표기법을 준용하였다.
- 이 책에 나오는 한국과 관련된 내용 일부는 한국 상황에 맞게 수정 및 추가하였다.

이 책을 보는 방법

인사말

해당 국가에서 주로 쓰는 인사말이다. "안녕하세요.", "고맙습니다.", "안녕히 가세요."의 세 가지 인사말을 각각 그 나라 문자와 한국어로 읽었을 때의 표기로 소개한다. 같은 국가 안에서도 지역에 따라 서로 다른 언어를 사용하기도 한다.

국기

국가명(한국에서 일반적으로 부르는 이름)

공식 국가명(한국어 표기)

공식 국가명(영어 표기)

수도명

소개하는 인사말에 쓰인 언어

인사말: ○○어

나라의 특징과 설명

- 면적: 약 ○만 ○○○○km²
- 인구: 약 ○억 ○○○○만 명
- 주요 언어: ○○○○ 어
- 주요 종교: ○○○○교
- 통화: ○○
- 시차: +(−) ○시간

※시차는 한국 시간과 비교해 +(플러스), −(마이너스) 시간으로 표시했다.

국가의 위치

해당 국가가 세계의 어디에 위치해 있는지 알려 주는 지도이다. 강조해 놓은 번호는 각 지역(아시아, 유럽, 남북 아메리카, 오세아니아, 아프리카) 세계 지도에 표기되어 있는 번호와 같다.

아시아
ASIA

NEPAL

안녕하세요
나마스떼
नमस्ते

스와얌부나트 사원(세계 유산)

야크

고맙습니다
단야밧
धन्यवाद

안녕히 가세요
나마스떼
नमस्ते

에베레스트 산(세계 유산)

히말라야 산맥에는 세계에서 가장 높은 사가르마타(에베레스트 산)가 있어서 여러 나라 등산객들이 찾는다. 야크는 높은 산 곳곳으로 짐을 옮겨 주는 등 인간에게 도움을 주는 동물이며, 젖으로는 버터를 만든다. 국기는 세계에서 유일하게 사각형 모양이 아니다.

네팔

네팔연방민주공화국

Federal Democratic Republic of Nepal

수도: 카트만두

- 면적: 약 14만 7,000km²
- 인구: 약 2,962만 명
- 주요 언어: 네팔 어
- 주요 종교: 힌두교, 불교, 이슬람교 외
- 통화: 네팔 루피
- 시차: −3시간 15분

인사말: 네팔 어

REPUBLIC OF KOREA

창덕궁(세계 유산)

태권도

김치

안녕하세요

고맙습니다

전통 무용
화관무

안녕히 가세요

민족의상
치마저고리

민족의상
바지저고리

대한민국

대한민국

Republic of Korea

수도: 서울

아시아 대륙의 동쪽 끝 한반도에 있는 나라로, 삼면이 바다와 맞닿아 있다. 고유한 언어인 한국어와 고유한 문자인 한글을 쓴다. 1997년 세계 유산에 등록된 창덕궁은 비교적 본래 모습이 잘 보존된 고궁 중 하나이다. 민족의상은 한복이고, 남자가 입는 옷은 바지저고리, 여자가 입는 옷은 치마저고리라고 부른다.

- 면적: 약 10만 km²
- 인구: 약 5,116만 명
- 주요 언어: 한국어
- 주요 종교: 기독교, 불교 외
- 통화: 원
- 시차: 0시간

EAST TIMOR

안녕하세요
보아 따르데
Boa tarde

고맙습니다
오브리가도
Obrigado※

안녕히 가세요
아데우스
Adeus

옥수수

커피 농장

적색야계

동티모르

동티모르민주공화국

The Democratic Republic of Timor-Leste

수도: 딜리

2002년에 독립한 21세기 최초의 독립 국가로, 티모르 섬의 동쪽과 서쪽 일부분으로 이루어져 있다. 국토의 약 60%가 산으로 덮여 있으며, 평지에서는 커피콩이나 옥수수를 경작한다. 닭의 조상이라고 하는 적색야계 등의 새가 살고 있다.

- 면적: 약 1만 5,000km^2
- 인구: 약 132만 명
- 주요 언어: 테툼 어, 포르투갈 어 외
- 주요 종교: 기독교(주로 가톨릭교), 이슬람교
- 통화: 미국 달러
- 시차: 0시간

※고맙습니다.: 남자는 '**오브리가도**(Obrigado).', 여자는 '**오브리가다**(Obrigada).'라고 한다.

인사말: 테툼 어

LAOS

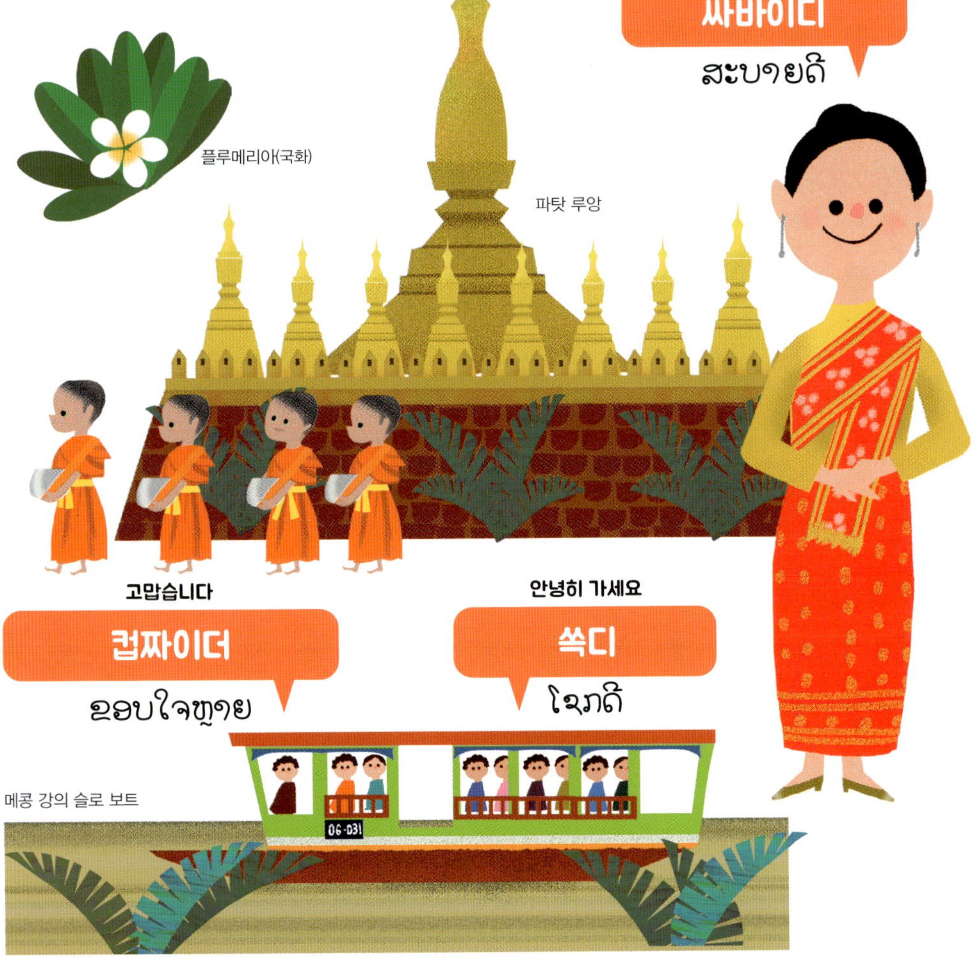

플루메리아(국화)

파탓 루앙

안녕하세요
싸바이디
ສະບາຍດີ

고맙습니다
컵짜이더
ຂອບໃຈຫຼາຍ

안녕히 가세요
쏙디
ໂຊກດີ

메콩 강의 슬로 보트

메콩 강 주변에서는 벼농사가 왕성하며, 강물을 이용한 수력 발전도 이루어지고 있다. 2일에 걸쳐 강을 타고 천천히 내려오는 슬로 보트는 여행자들에게 인기가 높다. 라오스를 상징하는 국화 플루메리아는 라오스 국영 항공기에도 그려져 있고, 국민에게 많은 사랑을 받고 있다.

라오스
라오인민민주공화국
Lao People's Democratic Republic
수도: 비엔티안

- 면적: 약 23만 7,000km²
- 인구: 약 696만 명
- 주요 언어: 라오스 어
- 주요 종교: 불교 외
- 통화: 킵
- 시차: −2시간

LEBANON

올리브

바알베크 유적(세계 유산)의 주피터 신전

안녕하세요
앗살라무 알라이쿰
السلام عليكم

고맙습니다
슈크란
شكرا

까디샤 계곡과 레바논 백향목 숲(세계 유산)

와인

안녕히 가세요
마앗 살라마
مع السلامة

까디샤 계곡에는 국기에도 그려져 있는 희귀한 레바논 백향목이 자라고 있다. 이 계곡과 백향목 숲은 세계 유산으로 등록되어 있다. 포도나 올리브 재배가 발달했으며, 와인도 생산하고 있다. 고대 로마 제국의 바알베크 유적에는 기둥만 남은 주피터 신전 등이 있다.

레바논

레바논공화국

Lebanese Republic

수도: 베이루트

- 면적: 약 1만 km^2
- 인구: 약 609만 명
- 주요 언어: 아랍 어, 프랑스 어, 영어
- 주요 종교: 기독교, 이슬람교 외
- 통화: 레바논 파운드
- 시차: −7시간

(글은 오른쪽에서 왼쪽으로 읽는다.) 인사말: 아랍 어

MALAYSIA

안녕하세요
슬라맛 뜽아 하리
Selamat tengah hari

코뿔새

보르네오 섬의 키나발루 자연공원(세계 유산)

세팍타크로

라플레시아

오랑우탄

고맙습니다
뜨리마 까시
Terima kasih

안녕히 가세요
줌빠 라기
Jumpa lagi

석유

말레이맥

말레이시아

말레이시아

Malaysia

수도: 쿠알라룸푸르

오래전부터 살고 있는 말레이 인 외에 인도인이나 중국인 등 여러 민족이 사는 나라이다. 세계 유산인 키나발루 자연공원에서는 오랑우탄이나 세계에서 가장 큰 꽃인 라플레시아 등 희귀한 동식물을 볼 수 있다. 발로 공을 차 넣는 세팍타크로라는 스포츠가 이 나라에서 전통적으로 내려오는 국기이다.

- 면적: 약 33만 km²
- 인구: 약 3,204만 명
- 주요 언어: 말레이 어, 영어, 중국어 외
- 주요 종교: 이슬람교, 불교, 기독교 외
- 통화: 링깃
- 시차: −1시간

MALDIVES

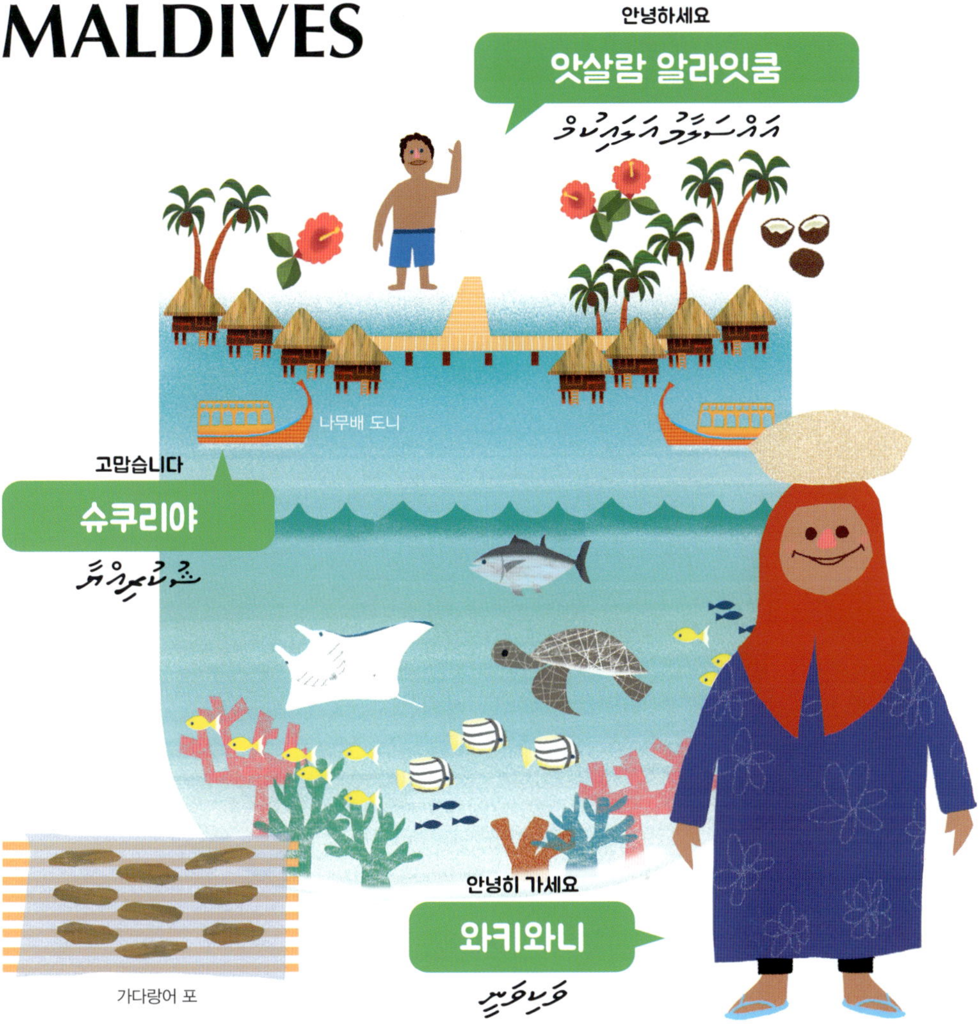

안녕하세요
앗살람 알라잇쿰

나무배 도니

고맙습니다
슈쿠리야

안녕히 가세요
와키와니

가다랑어 포

몰디브

몰디브공화국

Republic of Maldives

수도: 말레

1,000개 넘는 섬이 남북으로 이어져 있는 나라이다. 관광 산업이 발달했고, 아름다운 산호초나 열대산 쥐가오리를 볼 수 있어서 스쿠버 다이빙을 즐기는 사람들에게 인기 있다. 전통 방식으로 만드는 나무배 도니는 중요한 교통수단이다. 어업이 발달해 있고, 참치나 가다랑어는 일본에 수출하고 있다.

- 면적: 약 300km^2
- 인구: 약 44만 명
- 주요 언어: 디베히 어
- 주요 종교: 이슬람교(주로 수니파)
- 통화: 루피아
- 시차: −4시간

인사말: 디베히 어

MONGOLIA

안녕하세요
새응 배노
Сайн байна уу?

이동식 집 게르

쌍봉낙타

고맙습니다
바야를라
Баярлалаа

악기 마두금

안녕히 가세요
바야르태
Баяртай

몽골 씨름

염소

국토의 대부분이 초원이고, 목축이 발달했다. 말이나 염소 등을 사육하면서 옮겨 다니며 사는 유목민은 게르라는 이동식 집에서 생활한다. 몽골 씨름 브흐가 전통 스포츠인데, 많은 몽골 선수가 일본에서 스모 선수로 활약하고 있다.

몽골

몽골국

Mongolia

수도: 울란바토르

- 면적: 약 156만 4,000km²
- 인구: 약 312만 명
- 주요 언어: 몽골 어, 카자흐 어
- 주요 종교: 티베트 불교 외
- 통화: 투그릭
- 시차: −1〜−2시간(울란바토르는 −1시간)

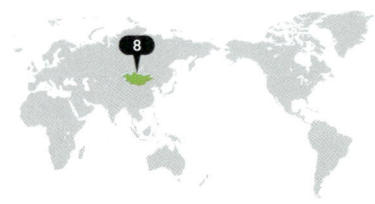

인사말: 몽골 어

MYANMAR

안녕하세요
밍글라바
မင်္ဂလာပါ

악기 사웅

루비 비취

임업

쌀

목에 고리를 끼우는
빠다웅 족

쉐다곤 파고다

고맙습니다
제쥬딘데
ကျေးဇူးပဲ

안녕히 가세요
따따
တာ့တာ

미얀마 불교 성지 쉐다곤 파고다는 높이 100m의 황금 불탑이다. 이 탑 꼭대기에는 수많은 보석이 박혀 있다. 황금색 고리를 목에 끼우고 있는 빠다웅 족은 목이 길어서 수장족(首長族)이라고도 부르는 소수 산악 민족이다.

미얀마

미얀마연방공화국

Republic of the Union of Myanmar

수도: 네피도

- 면적: 약 67만 7,000km²
- 인구: 약 5,385만 명
- 주요 언어: 미얀마 어(버마 어)
- 주요 종교: 불교, 기독교, 이슬람교 외
- 통화: 챠트
- 시차: −2시간 30분

인사말: 미얀마 어

BAHRAIN

안녕하세요
앗살라무 알라이쿰
السلام. عليكم

바레인과 사우디아라비아를 연결하는 킹 파드 코즈웨이 다리

고맙습니다
슈크란
شكرا

아리 마을의 도기

세계 무역 센터 빌딩

딜문 문명의 요새 유적(세계 유산)

안녕히 가세요
마앗 살라마
مع السلامة

민족의상 아바야

민족의상 칸두라

바레인
바레인왕국
Kingdom of Bahrain
수도: 마나마

페르시아 만에 자리한 섬나라이며, 석유 산업이 발달해 있다. 고분이 많이 남아 있는 아리 마을은 뽀타리라고 하는 전통 도기로도 유명하다. 2008년에 완공한 높이 240m의 세계 무역 센터 빌딩은 빌딩 사이에 풍력 발전용 풍차가 설치되어 있다.

- 면적: 약 771km^2
- 인구: 약 157만 명
- 주요 언어: 아랍 어
- 주요 종교: 이슬람교(시아파, 수니파)
- 통화: 바레인 디나르
- 시차: −6시간

인사말: 아랍 어 (글은 오른쪽에서 왼쪽으로 읽는다.)

BANGLADESH

안녕하세요
노모스카
নমস্কার ※

쌀(삼모작)

15세기에 번영한 모스크 도시 바게르하트의 유적(세계 유산)

파인애플

릭샤

고맙습니다
돈너밭
ধন্যবাদ

안녕히 가세요
노모스카
নমস্কার ※

벵골호랑이

수달로 물고기를 잡는 전통 고기잡이

맹그로브

순도르본의 맹그로브 숲(세계 유산)

방글라데시

방글라데시인민공화국

People's Republic of Bangladesh

수도: 다카

이 나라 남서부 순도르본에 펼쳐져 있는 세계에서 가장 큰 맹그로브 숲에는 희귀한 벵골호랑이나 바다악어가 살고 있다. 나라 면적은 대한민국의 약 1.5배이고 인구는 대한민국보다 3배 이상 많다. 일본에서 만들기 시작한 삼륜차 택시 릭샤는 빼놓을 수 없는 교통수단이다.

- 면적: 약 14만 8,000km^2
- 인구: 약 1억 6,637만 명
- 주요 언어: 벵골 어
- 주요 종교: 이슬람교, 힌두교, 불교 외
- 통화: 타카
- 시차: −3시간

※상대편이 이슬람교도라면 '안녕하세요.', '안녕히 가세요.' 해야 할 때 '앗살라무 알라이쿰.'이라고 한다.   인사말: 벵골 어

VIETNAM

하롱 만(세계 유산)

커피

월남쌈

안녕하세요
씬 짜오
Xin chào

고맙습니다
씬 깜언
Xin cám ơn

쌀

민족의상 아오자이

후에 건조물(세계 유산)

안녕히 가세요
씬 짜오
Xin chào

삼륜 자전거 시클로

베트남
베트남사회주의공화국
Socialist Republic of Viet Nam
수도: 하노이

쌀을 많이 재배하며, 생산량은 세계 5위, 수출량은 세계 3위이다.※ 쌀가루로 만든 면 풰, 쌀가루를 끓여 얇게 펴서 말린 반짱(라이스페이퍼)으로 새우나 채소 등을 싸 먹는 월남쌈이 유명하다. 아오자이는 여자들이 입는 민족의상이다.

- 면적: 약 33만 1,000km²
- 인구: 약 9,649만 명
- 주요 언어: 베트남 어
- 주요 종교: 불교, 기독교(주로 가톨릭교) 외
- 통화: 동
- 시차: −2시간

인사말: 베트남 어   ※2014년 11월 시점: 일본 농림수산성 홈페이지 'PS&D' (미국 농무성 2013·2014년도 정미 자료) 기준

BHUTAN

히말라야 산맥

타킨

초르텐(불탑)

안녕하세요
구 즈 장 포라

고맙습니다
까 딘 체 라

큰까마귀(국조)

전통 가옥

안녕히 가세요
로쿠 제게

민족의상 고

민족의상 키라

부탄
부탄왕국
Kingdom of Bhutan
수도: 팀부

히말라야 산맥 동쪽에 있으며, 국토의 대부분이 산지이다. 산속에 사는 타킨이 국가를 상징하는 동물이다. 국왕이 쓰는 왕관에는 큰까마귀 문양이 장식되어 있다. 절이나 공공장소에서는 민족의상을 입어야 하는데, 남자가 입는 옷은 고, 여자가 입는 옷은 키라라고 한다. 담배를 피울 수 없는 금연 국가이다.

- 면적: 약 3만 8,000km^2
- 인구: 약 82만 명
- 주요 언어: 종카 어 외
- 주요 종교: 티베트 불교, 힌두교 외
- 통화: 눌트럼
- 시차: −3시간

인사말: 종카 어

NORTH KOREA

안녕하세요

평양의 개선문

고려 인삼

냉면

백두산

고맙습니다

안녕히 가세요

전통 무용

한반도 북쪽에 있는 나라로 중국과 맞닿아 있는 국경에는 백두산 등 높은 산이 치솟아 있다. 이 나라 남부에 자리한 옛 도읍 개성은 남대문이나 개성 성벽을 비롯해 여러 곳이 세계 유산에 등록되어 있다. 고려 인삼은 약재로 쓸 뿐만 아니라 술을 담그거나 요리에 이용하기도 하는 특산품이다.

북한※

조선민주주의인민공화국

Democratic People's Republic of Korea

수도: 평양

- 면적: 약 12만 1,000km²
- 인구: 약 2,561만 명
- 주요 언어: 조선어
- 주요 종교: 불교, 기독교
- 통화: 원
- 시차: 0시간(2018년에 변경)

※북한은 1991년 국제 연합에 가입함으로써 국제 사회에서 하나의 주권 국가로 존속하고 있지만, 대한민국 헌법에서는 대한민국 영토의 범위를 한반도 전체와 부속 도서로 규정하고 있다.

인사말: 한국·조선어

BRUNEI

안녕하세요 슬라맛 뜽아 하리
Selamat tengah hari

고맙습니다 뜨리마 까시
Terima kasih

코주부원숭이

수상 주택

술탄 오마르 알리 사이푸딘 모스크

안녕히 가세요 줌빠 라기
Jumpa lagi

석유, 천연가스 등 지하자원이 풍부한 나라이다. 삼림 보호 구역에 있는 울루 템부롱 국립 공원에는 코주부원숭이 등 희귀 동물이 살고 있다. 브루나이 강 기슭에는 세계에서 가장 큰 수상 마을이 있다. 역사는 600년에 이르며, 약 3만 명이 살고 있다.

브루나이
브루나이다루살람국
Brunei Darussalam
수도: 반다르스리브가완

- 면적: 약 5,765km^2
- 인구: 약 43만 명
- 주요 언어: 말레이 어, 영어, 중국어
- 주요 종교: 이슬람교, 불교, 기독교 외
- 통화: 브루나이 달러
- 시차: −1시간

인사말: 말레이 어

SAUDI ARABIA

안녕하세요
앗살라무 알라이쿰
السلام عليكم

고맙습니다
슈크란
شكرا

나바테아 문명의 고대 유적 알 히즈르(세계 유산)

매사냥

낙타 경주

석유

유조선

안녕히 가세요
마앗 살라마
مع السلامة

카바 신전

사우디아라비아

사우디아라비아왕국

Kingdom of Saudi Arabia

수도: 리야드

아라비아 반도의 약 80%를 차지하고 있는 큰 나라로, 국토의 대부분이 사막이다. 이슬람교가 태어난 곳이며, 성지 메카에 있는 카바 신전에는 세계 여러 나라에서 많은 사람들이 기도를 하러 찾아온다. 석유 매장량, 수출량 모두 세계 최대이며, 대한민국에도 많이 수출하고 있다.

- 면적: 약 220만 7,000km²
- 인구: 약 3,355만 명
- 주요 언어: 아랍 어
- 주요 종교: 이슬람교(주로 수니파)
- 통화: 사우디아라비아 리알
- 시차: −6시간

20 인사말: 아랍 어 (글은 오른쪽에서 왼쪽으로 읽는다.)

SRI LANKA

안녕하세요
아유 보완
ආයුබෝවන්

사파이어
루비 묘안석

실론 홍차

고맙습니다
스뚜띠
ස්තුතියි

오토 릭샤

전통 고기잡이법인 장대 낚시를 하는 사람들

에살라 페라헤라 축제

안녕히 가세요
아유 보완
ආයුබෝවන්

세계 유수의 홍차 생산국이다. 홍차는 실론 홍차라고 불리며 세계적으로 유명하다. 바다에 세워 놓은 장대 위에서 물고기를 잡는 장대 낚시는 전통 고기잡이 방법이다. 보석 산출국으로도 손꼽히며, 사파이어나 루비 등을 수출하고 있다.

스리랑카
스리랑카민주사회주의공화국
Democratic Socialist Republic of Sri Lanka
수도: 스리자야와르데네푸라코테

- 면적: 약 6만 6,000km²
- 인구: 약 2,095만 명
- 주요 언어: 신할리 어, 타밀 어
- 주요 종교: 불교, 힌두교, 이슬람교 외
- 통화: 스리랑카 루피
- 시차: −3시간 30분

인사말: 신할리 어

SYRIA

안녕하세요
앗살라무 알라이쿰
السلام عليكم

알레포의 올리브오일 고형 비누

말린 벽돌로 만든 비하이브(벌집) 집

고맙습니다
슈크란
شكرا

안녕히 가세요
마앗 살라마
مع السلامة

1~3세기에 번영했던 도시 팔미라의 유적(세계 유산)

시리아

시리아아랍공화국

Syrian Arab Republic

수도: 다마스쿠스

팔미라 유적은 로마 제국 시대의 도시 유적으로, 건물이나 도로의 흔적이 남아 있다. 북서부의 알레포에서 고형 비누를 처음 만들었는데, 올리브오일 비누가 유명하다. 2015년 현재 시리아는 3개 세력으로 나뉘어 있으며, 3개의 국기※를 사용하고 있다.

- 면적: 약 18만 5,000km²
- 인구: 약 1,828만 명
- 주요 언어: 아랍 어
- 주요 종교: 이슬람교, 기독교 외
- 통화: 시리아 파운드
- 시차: -7시간

인사말: 아랍 어 (글은 오른쪽에서 왼쪽으로 읽는다.) ※이 책에 실은 국기는 시리아의 3개 세력 중 알아사드 정권이 사용하는 것이다.

SINGAPORE

논야 쿠에(과자)

머라이언

안녕하세요
헬로
Hello

고맙습니다
땡큐
Thank you

호커즈(노천 식당)

가든스 바이 더 베이

안녕히 가세요
굿바이
Goodbye

마리나 베이 샌즈

싱가포르

싱가포르공화국

Republic of Singapore

수도: 싱가포르(도시 국가)

말레이 반도 남쪽 끝에 있는 섬나라이다. 싱가포르 섬과 약 60개의 크고 작은 섬으로 이루어져 있다. 나라의 상징이라고 할 수 있는 머라이언은 머리는 사자이고 몸은 물고기의 모습을 한 상상 속의 동물이다. 마리나 베이 샌즈 호텔 옥상에 있는 수영장은 세계에서 가장 높은 곳에 자리한 수영장이다.

- 면적: 약 719km^2
- 인구: 약 579만 명
- 주요 언어: 영어, 중국어, 말레이 어
- 주요 종교: 불교, 기독교, 이슬람교 외
- 통화: 싱가포르 달러
- 시차: −1시간

인사말: 영어

UNITED ARAB EMIRATES

부르즈 할리파

안녕하세요
앗살라무 알라이쿰
السلام عليكم

셰이크 자이드 그랜드 모스크

고대의 오아시스 도시 알 아인 유적(세계 유산)

석유

민족의상 칸두라

고맙습니다
슈크란
شكرا

민족의상 아바야

안녕히 가세요
마앗 살라마
مع السلامة

아랍에미리트
아랍에미리트연합국
United Arab Emirates
수도: 아부다비

페르시아 만에 닿아 있는 나라로, 나라 이름의 영어 머리글자를 따서 UAE라고도 부른다. 두바이에 있는 초고층 빌딩 부르즈 할리파는 무려 160층에 이르는 건물로, 세계 최고 높이를 자랑한다. 남자는 칸두라, 여자는 아바야라고 하는 민족의상을 입는다.

- 면적: 약 8만 4,000km²
- 인구: 약 954만 명
- 주요 언어: 아랍 어
- 주요 종교: 이슬람교(주로 수니파)
- 통화: 디르함
- 시차: −5시간

인사말: 아랍 어 (글은 오른쪽에서 왼쪽으로 읽는다.)

ARMENIA

안녕하세요
바레브
Բարեւ

고맙습니다
스노라갈춤
Շնորհակալություն

체스

코냑과 와인

에치미아진 대성당
(세계 유산)

아라라트 산

안녕히 가세요
츠테소우티오운
Ցտեսություն

와인 축제

화덕에 구운 빵

국토의 대부분이 고지에 있는 산악 지형의 나라이다. 포도 재배가 발달해 있고, 포도로 만든 와인이나 코냑도 유명하다. 예부터 많은 아르메니아 인이 살아왔던 지역에 우뚝 솟아 있는 아라라트 산은 지금은 튀르키예 땅이지만 아르메니아의 상징이다. 체스는 의무 교육이다.

아르메니아

아르메니아공화국
Republic of Armenia
수도: 예레반

- 면적: 약 3만 km²
- 인구: 약 293만 명
- 주요 언어: 아르메니아 어
- 주요 종교: 기독교(주로 아르메니아 교회)
- 통화: 드람
- 시차: −5시간

인사말: 아르메니아 어

AZERBAIJAN

안녕하세요 살람 Salam

성벽 도시 바쿠(세계 유산)의 성문

악기 타르

악기 다프

플레임 타워

전통 음악 무감

와인

고맙습니다 사 올 Sağ ol

석유

안녕히 가세요 괴뤼세덱 Görüşənədək

카스피 해 철갑상어

수도 바쿠는 예부터 번영했던 도시로, 11~13세기에 만든 성벽으로 둘러싸인 지역이 지금도 남아 있다. 아랍, 이란, 러시아 등 다양한 문화에 영향을 받은 집들이 어우러져 있다. 타르나 다프 등 민족 악기 연주에 맞춰 가수가 노래를 부르는 무감이라는 전통 음악이 있다.

아제르바이잔

아제르바이잔공화국

Republic of Azerbaijan

수도: 바쿠

- 면적: 약 8만 7,000km²
- 인구: 약 992만 명
- 주요 언어: 아제르바이잔 어
- 주요 종교: 이슬람교(주로 시아파)
- 통화: 마나트
- 시차: −5시간

인사말: 아제르바이잔 어

AFGHANISTAN

안녕하세요
샤라무
سلام

고맙습니다
다샷쿠루
تشکر

민족의상 부르카

난(빵의 한 종류)

카라쿨양

이슬람 사원의 탑 얌의 미나렛 (세계 유산)

블루 모스크

안녕히 가세요
다 후다이 빠만
د خدای پامان

유목민

아시아

아프가니스탄

아프가니스탄이슬람공화국

Islamic Republic of Afghanistan

수도: 카불

목축이 번성해서 양털 융단이 특산품이 되었다. 예부터 푸른색 보석인 청금석 산지가 있었다. 청금석은 이슬람교도가 기도하러 찾는 모스크를 장식하는 데 쓰이고 있다. 이슬람교도 여성은 외출할 때 몸이 보여서는 안 되기 때문에 몸 전체를 가리는 민족의상 부르카를 입는다.

- 면적: 약 65만 3,000km^2
- 인구: 약 3,637만 명
- 주요 언어: 파슈토 어, 다리 어
- 주요 종교: 이슬람교(주로 수니파)
- 통화: 아프가니
- 시차: −4시간 30분

(글은 오른쪽에서 왼쪽으로 읽는다.) 인사말: 파슈토 어

YEMEN

사나 구(舊)시가지(세계 유산)

안녕하세요
앗살라무 알라이쿰
السلام عليكم

단검 잔비야

선박 다우

고맙습니다
슈크란
شكرا

소코트라 제도(세계 유산)의 사막의 장미

모나쿠스카멜레온

커피 농장

안녕히 가세요
마앗 살라마
مع السلامة

이집트독수리

예멘

예멘공화국

Republic of Yemen

수도: 사나

아라비아 반도 남서쪽 끝에 위치한 나라이다. 수도 사나는 기원전 10세기 무렵부터 번영한 도시이다. 성벽으로 빙 둘러싸인 구시가지의 역사는 2,500년에 이르고, 세계 유산으로 등록되어 있다. 남자 어른은 대체로 허리에 잔비야라는 초승달 모양의 단검을 차고 다닌다.

- 면적: 약 52만 8,000km²
- 인구: 약 2,892만 명
- 주요 언어: 아랍 어
- 주요 종교: 이슬람교(수니파, 시아파)
- 통화: 예멘 리알
- 시차: −6시간

인사말: 아랍 어 (글은 오른쪽에서 왼쪽으로 읽는다.)

OMAN

아시아

안녕하세요
앗살라무 알라이쿰
السلام عليكم

석유

단검 칸자르는 국기에도 그려져 있다.

유향나무

강낭콩

향수

선박 다우

바흘라 요새 유적(세계 유산)

낙타 경주

데이트(대추야자의 열매)

고맙습니다
슈크란
شكرا

안녕히 가세요
마앗 살라마
مع السلامة

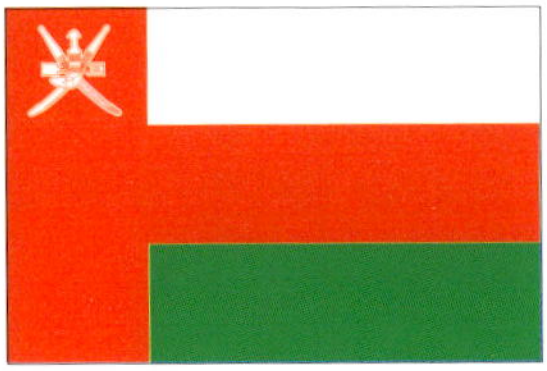

전통문화 보전을 목적으로 해마다 낙타 경주를 연다. 남부에 위치한 도파르는 예부터 값비싼 향료 중 하나인 유향의 명산지로, 그 유적군이 세계 유산으로 등록되어 있다. 데이트는 사막에서 살아가는 사람들이 먹는 영양가 높은 보존식이다.

오만

오만국

Sultanate of Oman

수도: 무스카트

- 면적: 약 31만 km²
- 인구: 약 483만 명
- 주요 언어: 아랍 어, 영어
- 주요 종교: 이슬람교(주로 이바디파)
- 통화: 오만 리얄
- 시차: −5시간

(글은 오른쪽에서 왼쪽으로 읽는다.) 인사말: 아랍 어

JORDAN

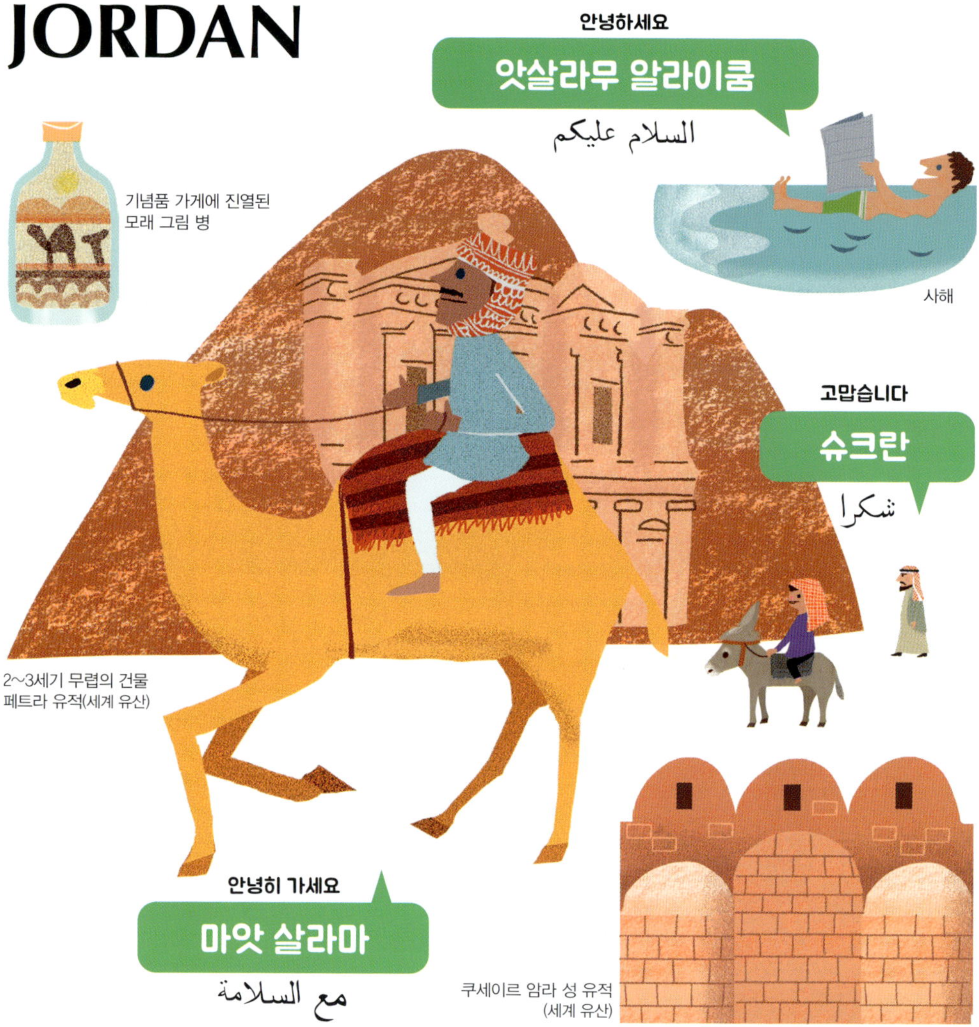

안녕하세요
앗살라무 알라이쿰
السلام عليكم

사해

기념품 가게에 진열된 모래 그림 병

고맙습니다
슈크란
شكرا

2~3세기 무렵의 건물 페트라 유적(세계 유산)

안녕히 가세요
마앗 살라마
مع السلامة

쿠세이르 암라 성 유적 (세계 유산)

국토의 80%가 사막이다. 페트라는 낙타로 물자를 나르던 사람들이 거대한 바위산을 깎아서 만든 기원전 3세기 무렵의 수도로, 당시 지은 신전이나 원형 극장, 무덤 등이 지금도 남아 있다. 돔 형태의 지붕을 한 암라 성은 8세기 무렵에 지어진 것이라고 전한다.

요르단

요르단하심왕국

Hashemite Kingdom of Jordan

수도: 암만

- 면적: 약 8만 9,000km²
- 인구: 약 990만 명
- 주요 언어: 아랍 어
- 주요 종교: 이슬람교, 기독교 외
- 통화: 요르단 디나르
- 시차: −7시간

인사말: 아랍 어 (글은 오른쪽에서 왼쪽으로 읽는다.)

UZBEKISTAN

사마르칸트(세계 유산) 레기스탄 광장의 비비하눔 모스크

금

수박과 멜론

안녕하세요
살롬
Салом

무늬가 있는 난(빵의 한 종류)

면화(목화) 재배

전통 자수 천 '스자니'로 만든 민족의상

고맙습니다
라흐맛
Рахмат

안녕히 가세요
살맛트 보린구
Саломат болинг

실크 로드의 오아시스 도시로 번성한 옛 도시 사마르칸트는 세계 유산이다. 사마르칸트 한가운데 있는 레기스탄 광장에는 파란 타일이 아름다운 비비하눔 모스크가 있다. 여러 가지 재료를 넣어 볶은 뿔롭이라고 하는 전통 요리나 빵의 한 종류인 둥글게 빚어 구운 난을 자주 먹는다.

우즈베키스탄

우즈베키스탄공화국

Republic of Uzbekistan

수도: 타슈켄트

- 면적: 약 44만 9,000km²
- 인구: 약 3,236만 명
- 주요 언어: 우즈베크 어, 러시아 어
- 주요 종교: 이슬람교(주로 수니파)
- 통화: 숨
- 시차: −4시간

아시아

인사말: 우즈베크 어

IRAQ

안녕하세요
앗살라무 알라이쿰
السلام عليكم

악기 우드

가젤

《아라비안나이트》의 배경이 된 도시 모술의 거리

고맙습니다
슈크란
شكرا

유명한 요리 마쓰구프

안녕히 가세요
마앗 살라마
مع السلامة

9세기에 번영했던 도시 유적 사마라(세계 유산)의 말위야 미나렛

메소포타미아 문명 시대의 유적

석유

키시 유적

이라크

이라크공화국

Republic of Iraq

수도: 바그다드

나라의 중심을 티그리스 강과 유프라테스 강이 가로질러 흐른다. 그 유역에서 메소포타미아 문명이 번영했기 때문에 많은 고대 유적이 남아 있다. 우드라고 하는 아름다운 음색의 전통 현악기가 유명하다. 커다란 잉어를 숯불로 조리하는 마쓰구프가 이 나라 명물 요리이다.

- 면적: 약 43만 5,000km²
- 인구: 약 3,934만 명
- 주요 언어: 아랍 어, 쿠르드 어
- 주요 종교: 이슬람교, 기독교 외
- 통화: 이라크 디나르
- 시차: −6시간

32 인사말: 아랍 어 (글은 오른쪽에서 왼쪽으로 읽는다.)

IRAN

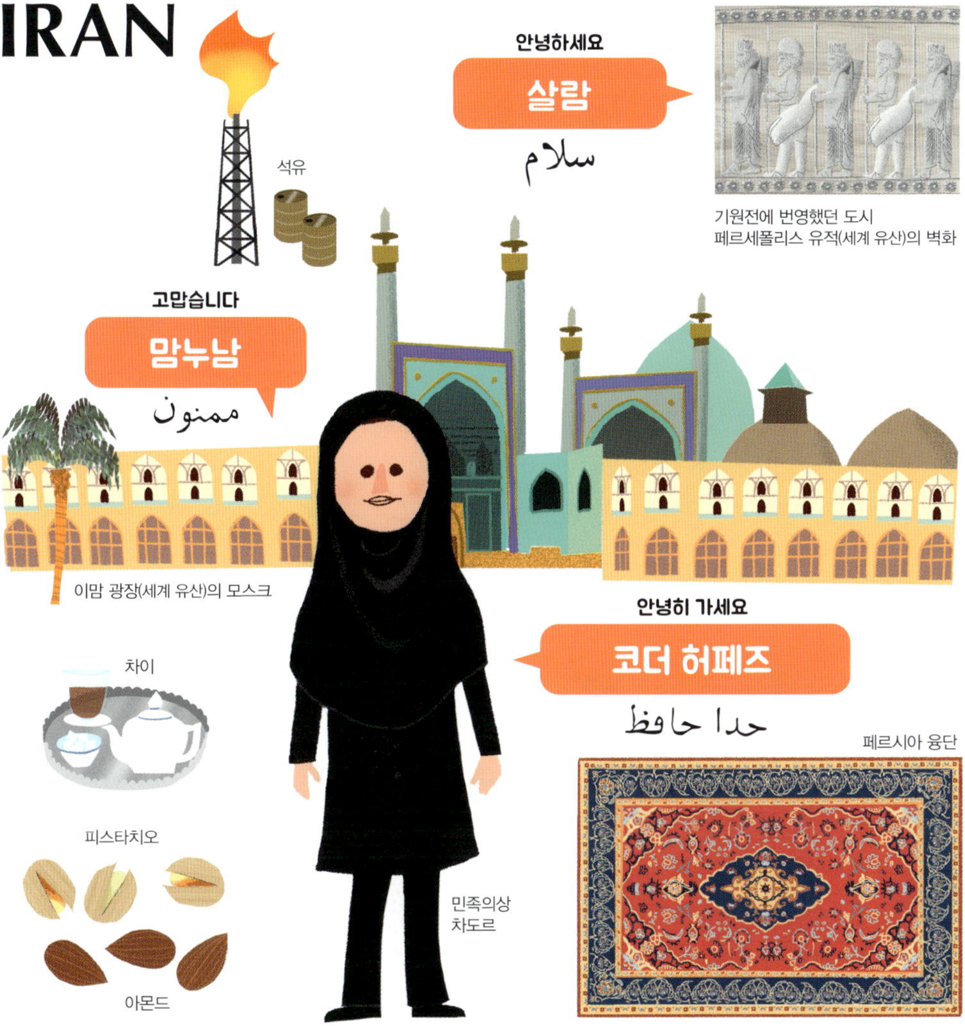

아시아

안녕하세요
살람
سلام

기원전에 번영했던 도시
페르세폴리스 유적(세계 유산)의 벽화

고맙습니다
맘누남
ممنون

석유

이맘 광장(세계 유산)의 모스크

차이

피스타치오

아몬드

안녕히 가세요
코더 허페즈
حدا حافظ

페르시아 융단

민족의상
차도르

국토의 반 이상이 고원이다. 유목하는 양의 털로 만든 페르시아 융단이 특산품이다. 기원전 궁전 터 페르세폴리스 유적이나 파란 타일 장식으로 유명한 이맘 광장의 모스크 등 많은 유적이 세계 유산에 등록되어 있다.

이란

이란이슬람공화국

Islamic Republic of Iran

수도: 테헤란

- 면적: 약 162만 9,000km²
- 인구: 약 8,201만 명
- 주요 언어: 페르시아 어
- 주요 종교: 이슬람교(주로 시아파) 외
- 통화: 이란 리알
- 시차: -5시간 30분

(글은 오른쪽에서 왼쪽으로 읽는다.) 인사말: 페르시아 어

33

ISRAEL

안녕하세요
샬롬
שָׁלוֹם

아이벡스

사해

다이아몬드 연마

바위의 돔

고맙습니다
토다
תּוֹדָה

통곡의 벽

예루살렘 구시가지(세계 유산)

안녕히 가세요
레히트라오트
לְהִתְרָאוֹת

유대교의 복장

그레이프프루트와 오렌지

사해는 사람 몸이 둥둥 뜰 정도인데, 염분 농도가 아주 높은 호수이기 때문이다. 수도 예루살렘은 좁은 지역 안에 이슬람교, 기독교, 유대교 등 3개 종교의 성지가 있고, 구시가지는 세계 유산으로 등록되어 있다. 오렌지, 그레이프프루트 등 감귤류 가공업이 발달해 있다.

이스라엘

이스라엘국

State of Israel

수도: 예루살렘※

- 면적: 약 2만 2,000km²
- 인구: 약 845만 명
- 주요 언어: 헤브라이 어, 아랍 어
- 주요 종교: 유대교, 이슬람교, 기독교
- 통화: 신(新)세켈
- 시차: −7시간

인사말: 헤브라이 어 (글은 오른쪽에서 왼쪽으로 읽는다.)

※국제 사회에서는 텔아비브를 수도로 인정하고 있다.

INDIA

악기 시타르

그레이트 히말라야 국립 공원
(세계 유산)

잘레비(기름에 튀긴 단맛이 나는 과자)

안녕하세요
나마스테
नमस्ते

민족의상 사리

고맙습니다
단야와-드
धन्यवाद

타지마할
(세계 유산)

카레

일본의 인력거에서 유래한 릭샤

오른손만 사용해서 먹는다.

코끼리 택시

안녕히 가세요
나마스테
नमस्ते

쌀이나 면화 가공 등 농업과 컴퓨터 관련 산업이 발달했다. 힌두교도가 많고, 세계 유산 타지마할 등 수많은 사원이 있다. 식사를 할 때는 오른손만 사용한다. 여성의 민족의상 사리는 긴 천을 몸에 두르는 것이다.

인도

인도
India

수도: 뉴델리

- 면적: 약 328만 7,000km²
- 인구: 약 13억 5,404만 명
- 주요 언어: 힌디 어, 영어 외
- 주요 종교: 힌두교, 이슬람교, 기독교 외
- 통화: 루피
- 시차: −3시간 30분

인사말: 힌디 어

INDONESIA

안녕하세요
슬라맛 시앙
Selamat siang

토라자 족의 전통 가옥 통코난

코코넛

전통 음악 가믈란

고맙습니다
트리마 카시
Terima kasih

보로부두르 불교 사원 유적(세계 유산)

안녕히 가세요
슬라맛 잘란
Selamat jalan※

전통 무용 레공 댄스

고무

코모도 국립 공원(세계 유산)의 코모도왕도마뱀

크고 작은 많은 섬으로 이루어진 나라이다. 세계 유산 코모도 국립 공원에는 세계에서 가장 큰 도마뱀인 코모도왕도마뱀 등이 살고 있다. 발리 섬은 전통 음악 가믈란과 전통 무용 케착 댄스나 레공 댄스 등이 유명하고, 관광객들에게도 인기가 있다.

인도네시아

인도네시아공화국
Republic of Indonesia
수도: 자카르타

- 면적: 약 191만 1,000km²
- 인구: 약 2억 6,679만 명
- 주요 언어: 인도네시아 어
- 주요 종교: 이슬람교, 기독교, 힌두교 외
- 통화: 루피아
- 시차: 0～-2시간(자카르타는 -2시간)

32

36 인사말: 인도네시아 어 ※안녕히 가세요.: 배웅하는 사람은 '슬라맛 잘란.', 떠나는 사람은 '슬라맛 팅갈(Selamat tinggal).'이라고 한다.

JAPAN

안녕하세요
곤니치와
こんにちは

도리이

목각 인형 고케시

후지 산(세계 유산)

벚나무

칠기

와다이코

초밥

스모

금각사(세계 유산)

아와 춤

고맙습니다
아리가토
ありがとう

연날리기

높이 634m의 스카이 트리

안녕히 가세요
사요나라
さようなら

일본

일본국

Japan

수도: 도쿄

2013년 세계 유산에 등록된 후지 산은 표고 3,776m로, 일본에서 가장 높은 산이다. 목각 인형 고케시나 다루마, 칠기 등 전통 공예도 유명하다. 스모, 유도, 검도 등 일본에서 시작된 스포츠도 많다. 2020년에 도쿄에서 하계 올림픽 경기가 열린다.

- 면적: 약 37만 8,000km²
- 인구: 약 1억 2,709만 명
- 주요 언어: 일본어
- 주요 종교: 신도, 불교, 기독교 외
- 통화: 엔
- 시차: 0시간

(글은 세로쓰기의 경우 오른쪽에서 왼쪽, 위에서 아래로 읽는다.) 인사말: 일본어

GEORGIA

바그라티 대성당(세계 유산)

캅카스 산맥

어퍼 스바네티 지역(세계 유산)

안녕하세요
가마르죠바
გამარჯობა

와인

민족의상
카티비

고맙습니다
그마드로프트
გმადლობთ

포도

민족의상
초하

안녕히 가세요
낙후암디스
ნახვამდის

조지아

조지아

Georgia

수도: 트빌리시

5,000m 규모의 산이 이어져 있는 캅카스 산맥 남쪽에 있는 나라이다. 포도 재배가 발달해 있고, 와인의 발상지라고 알려져 있다. 전통 음악 폴리포니는 2001년 세계 무형 문화유산에 등록되었다. 2015년 12월까지 대한민국에서는 이 나라를 그루지야라고 불렀다.

- 면적: 약 7만 km²
- 인구: 약 373만 명
- 주요 언어: 조지아 어
- 주요 종교: 기독교(주로 조지아 정교)
- 통화: 라리
- 시차: −5시간

CHINA

자금성(세계 유산)

안녕하세요
니하오
你好

도자기

춘절

마오 족

만리장성
(세계 유산)

태극권

고맙습니다
세세
谢谢

자이언트판다

안녕히 가세요
짜이지엔
再见

면

딤섬

복숭아 모양 만주

안닌두부

중국

중화인민공화국

People's Republic of China

수도: 베이징

성벽의 총길이가 약 6,260km에 이르는 만리장성 유적은 인류 역사상 가장 큰 건축물이다. 중국의 설날에 해당하는 춘절 기간에는 각지에서 활기찬 명절 행사가 열린다. 쓰촨 성 중심부에 수많은 자이언트판다 보호 구역이 있는데, 그곳에서 판다를 보호하고 연구하는 등의 일을 한다.

- 면적: 약 960만 km²
- 인구: 약 14억 1,505만 명
- 주요 언어: 중국어(베이징 어가 표준어)
- 주요 종교: 불교, 이슬람교, 기독교 외
- 통화: 인민원
- 시차: −1시간

인사말: 중국어(북경 어)

KAZAKHSTAN

안녕하세요
아멧스즈 베
Амансыз ба ※

고맙습니다
라흐멧
Рахмет

석유

아스타나의 바이테렉 타워

바이코누르 우주 기지

철새들의 중간 기착지가 된
샤랴르카 초원과 호수(세계 유산)

검독수리 사냥

홍학

사이가산양

안녕히 가세요
아만 볼릉구스
Аман болыныз

카자흐스탄

카자흐스탄공화국

Republic of Kazakhstan

수도: 누르술탄

카스피 해와 아랄 해에 접한 지역에는 카자흐 평원이 펼쳐져 있다. 그 평원의 일부분인 샤랴르카라고 하는 지역에 멸종 위기에 처한 사이가산양과 홍학이 살고 있다. 남서부에는 러시아의 로켓 발사장이 있는데, 그곳에서 많은 우주선을 쏘아 올리고 있다.

- 면적: 약 272만 5,000km^2
- 인구: 약 1,840만 명
- 주요 언어: 카자흐 어, 러시아 어
- 주요 종교: 이슬람교, 기독교(러시아 정교) 외
- 통화: 텡게
- 시차: −3~−4시간

40　인사말: 카자흐 어

※'잘 지내시죠?'의 의미이다. '안녕하세요.' 대신 사용한다.

QATAR

안녕하세요
앗살라무 알라이쿰
السلام عليكم

유조선

고맙습니다
슈크란
شكرا

도하 시가지

선박 다우

안녕히 가세요
마앗 살라마
مع السلامة

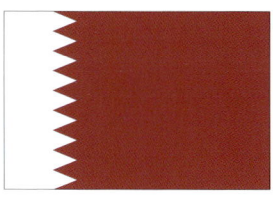

카타르

카타르국

State of Qatar

수도: 도하

페르시아 만에 접한 카타르 반도가 이 나라 국토의 대부분이고, 거의 사막으로 덮여 있다. 석유나 천연가스 등 지하자원이 풍부하며, 대한민국에도 많이 수출하고 있다. 수도 도하는 최근 급속히 발전하며 고층 빌딩을 계속해서 건설하고 있다.

- 면적: 약 1만 2,000km^2
- 인구: 약 269만 명
- 주요 언어: 아랍 어
- 주요 종교: 이슬람교(주로 수니파) 외
- 통화: 카타르 리알
- 시차: −6시간

(글은 오른쪽에서 왼쪽으로 읽는다.) 인사말: 아랍 어

CAMBODIA

안녕하세요
쭘리읍 쑤어
ជំរាបសួរ។

수상 가옥
톤레샵 호수
툭툭
합승 오토바이 루모

앙코르 와트(세계 유산)

고맙습니다
어꾼
អរគុណ។

안녕히 가세요
쭘리읍 리어
ជំរាបលា។

고무
쌀

캄보디아
캄보디아왕국
Kingdom of Cambodia
수도: 프놈펜

국기에 그려 놓은 앙코르 와트는 힌두교 대사원으로, 나라의 상징적 존재이다. 성 유적에 있는 앙코르 톰과 함께 세계 유산에 등록되어 있다. 동남아시아에서 가장 큰 톤레샵 호수에는 수상 가옥이 늘어서 있는데, 그곳에 많은 사람들이 살고 있다.

- 면적: 약 18만 1,000km²
- 인구: 약 1,625만 명
- 주요 언어: 캄보디아 어(크메르 어)
- 주요 종교: 불교, 이슬람교
- 통화: 리엘
- 시차: −2시간

인사말: 캄보디아 어

KUWAIT

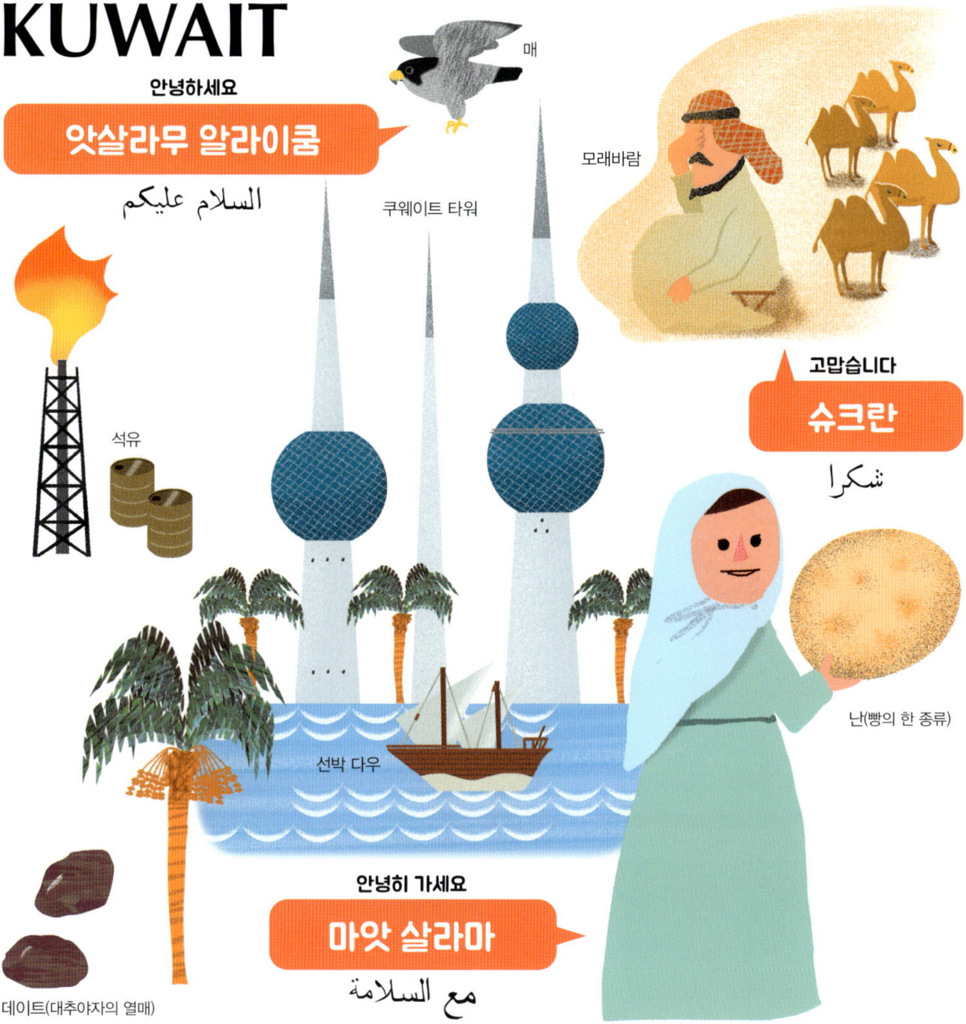

안녕하세요
앗살라무 알라이쿰
السلام عليكم

매

모래바람

쿠웨이트 타워

석유

고맙습니다
슈크란
شكرا

난(빵의 한 종류)

선박 다우

안녕히 가세요
마앗 살라마
مع السلامة

데이트(대추야자의 열매)

쿠웨이트

쿠웨이트국

State of Kuwait

수도: 쿠웨이트

국토의 대부분이 사막으로 뒤덮인 나라이다. 여름 기온이 50℃ 가까이 된다. 사막에는 때때로 맹렬한 모래바람이 일어난다. 수도에 자리한 급수탑 쿠웨이트 타워에는 회전식 전망대가 있다. 세계 유수의 석유 산출국이며, 농업으로는 대추야자를 재배하고 있다.

- 면적: 약 1만 8,000km²
- 인구: 약 420만 명
- 주요 언어: 아랍 어, 영어
- 주요 종교: 이슬람교
- 통화: 쿠웨이트 디나르
- 시차: −6시간

(글은 오른쪽에서 왼쪽으로 읽는다.) 인사말: 아랍 어

KYRGYZ

안녕하세요
살라맛스스브
Саламатсызбы

고맙습니다
라흐맷
Рахмат

텐산 산맥(세계 유산)

건조 치즈 쿠르트

펠트 융단

이동식 집 유르트

펠트 모자

안녕히 가세요
고쉬
Кош

키르기즈

키르기즈공화국

Kyrgyz Republic

수도: 비슈케크

국토의 40%가 3,000m를 넘는 나라이다. 고원 지대에서는 양이나 염소의 방목이 발달해 있으며, 유르트라고 하는 전통 이동식 집을 볼 수 있다. 양털로 만든 펠트 제품은 전통 공예품 가운데 하나이다. 건조 치즈 쿠르트가 유명하며, 농업은 면화 재배가 발달해 있다.

- 면적: 약 20만 km²
- 인구: 약 613만 명
- 주요 언어: 키르기즈 어, 러시아 어
- 주요 종교: 이슬람교(주로 수니파), 기독교 외
- 통화: 솜
- 시차: −3시간

44 인사말: 키르기즈 어

THAILAND

안녕하세요
싸왓디- 크랍
สวัสดี ครบ ※

고무

무에타이

왓 프라 깨오(왕궁 사원)

고맙습니다
컵-쿤 크랍
ขอบคุณ ครบ ※

구운 바나나

아시아코끼리

안녕히 가세요
싸왓디- 크랍
สวัสดี ครบ ※

수상 시장

파인애플

쌀

국민 대부분이 불교도이고, 왓 프라 깨오를 비롯해 많은 불교 사원이 있다. 파인애플 생산량이 세계 1위이며, 또한 세계적인 쌀 생산국으로 손꼽히기도 한다. 이 나라에서 가장 큰 강인 짜오프라야 강 주변 평야에는 수전(水田)이 넓게 펼쳐져 있다. 국기는 격투기 무에타이이다.

타이

타이왕국

Kingdom of Thailand

수도: 방콕

- 면적: 약 51만 3,000km²
- 인구: 약 6,918만 명
- 주요 언어: 타이 어
- 주요 종교: 불교, 이슬람교
- 통화: 밧
- 시차: −2시간

41

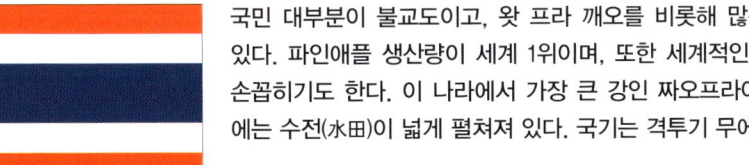

※안녕하세요, 안녕히 가세요.: 남자는 '싸왓디- 크랍', 여자는 '싸왓디- 카'라고 한다. ※고맙습니다.: 남자는 '컵-쿤 크랍', 여자는 '컵-쿤 카'라고 한다. 인사말: 타이 어

TAJIKISTAN

안녕하세요
살롬
Салом

면화 재배

파미르 산맥(세계 유산)

눈표범

이동식 집 유르트

고맙습니다
라흐맛
Рахмат

안녕히 가세요
하이르
Хайр

국토의 약 90%가 산악 지대인 나라이다. 특히 동부 파미르 고원과 이어지는 산맥은 '세계의 지붕'이라고 불리는데, 평균 표고가 5,000m에 이른다. 희귀 동물 눈표범이 살고 있다. 목축이 발달했으며, 농업으로는 면화를 재배한다.

타지키스탄

타지키스탄공화국

Republic of Tajikistan

수도: 두샨베

- 면적: 약 14만 3,000km²
- 인구: 약 911만 명
- 주요 언어: 타지크 어, 러시아 어
- 주요 종교: 이슬람교(주로 수니파)
- 통화: 소모니
- 시차: −4시간

42

46 ˚ 인사말: 타지크 어

TURKMENISTAN

아시아

악기 도타르

안녕하세요
살롬
Салам

황금 말 아할테케

메르프의 고대 유적
(세계 유산)

고맙습니다
사구 보룬
Саг болун

면화 재배

안녕히 가세요
사구 보룬
Саг болун

카라쿰 사막에 있는 메르프 유적은 일찍이 오아시스 도시였던 중앙아시아 최대의 유적이다. 양털로 만드는 융단 산업이 발달해 있고, 융단에 짜 넣는 무늬는 국기에도 들어가 있다. 현이 두 줄 길게 뻗어 있는 도타르는 중앙아시아 일대에서 널리 연주하는 악기이다.

투르크메니스탄

투르크메니스탄

Turkmenistan

수도: 아슈하바트

- 면적: 약 48만 8,000km²
- 인구: 약 585만 명
- 주요 언어: 투르크멘 어, 러시아 어
- 주요 종교: 이슬람교(주로 수니파)
- 통화: 마나트
- 시차: −4시간

44

인사말: 투르크멘 어

TURKIYE

아라라트 산

고맙습니다
테쉐큐르 에데림
Teşekkür ederim

술탄 아흐메드 모스크(세계 유산)

시시 케밥

카파도키아의 암굴(세계 유산)

안녕하세요
메르하바
Merhaba

튀르키예 융단

전통 무용 수피 댄스

길게 늘어지는 아이스크림

안녕히 가세요
알라흐 스말라득
Allaha ısmarladık

트로이의 목마

《구약 성서》에 그림이 나오는 아라라트 산, 그리스 신화에 등장하는 트로이 유적 등 전설에 얽힌 유명한 장소가 많이 있다. 꼬챙이에 고기를 끼워 굽는 시시 케밥이나 길게 늘어지는 아이스크림 돈두르마가 유명하다. 튀르키예 융단 등 아름다운 전통 공예품도 인기가 높다.

튀르키예

튀르키예공화국

Republic of Turkiye

수도: 앙카라

- 면적: 약 78만 4,000km²
- 인구: 약 8,192만 명
- 주요 언어: 튀르키예 어
- 주요 종교: 이슬람교(수니파) 외
- 통화: 튀르키예 리라
- 시차: −6시간

43

48 인사말: 튀르키예 어

PAKISTAN

안녕하세요
앗살라무 알레이쿰
السلام عليكم

고맙습니다
슈크리야
شكرين

산악 스키

면화

모헨조다로 유적
(세계 유산)

바드샤히 모스크

안녕히 가세요
쿠다 하피즈
خدا حافظ

나라 한가운데에 인더스 강이 흐르고 있다. 약 4,500년 전, 이 강 유역에서 세계 4대 문명 가운데 하나인 인더스 문명이 탄생했다. 당시 커다란 도시였던 모헨조다로의 유적은 세계 유산에 등록되어 있다. 농업으로는 면화나 밀 등을 많이 재배한다.

파키스탄
파키스탄이슬람공화국
Islamic Republic of Pakistan
수도: 이슬라마바드

- 면적: 약 79만 6,000km²
- 인구: 약 2억 777만 명
- 주요 언어: 우르두 어, 영어
- 주요 종교: 이슬람교 외
- 통화: 파키스탄 루피
- 시차: −4시간

(글은 오른쪽에서 왼쪽으로 읽는다.) 인사말: 우르두 어

PHILIPPINES

안녕하세요
마간당 아라우
Magandang araw

고맙습니다
살라마트
Salamat

합승 택시 지프니

돼지 통구이

코코넛

바나나

할로할로

안녕히 가세요
파알람
Paalam

필리핀

필리핀공화국
Republic of the Philippines
수도: 마닐라

7,000개가 넘는 많은 섬으로 이루어진 나라이다. 화산이 많고, 그 때문에 지진도 자주 일어난다. 농업이 발달했으며, 파인애플이나 바나나, 코코넛 등을 재배한다. 상대편 손을 잡고 자신의 이마에 가져다 대는 인사법이 있다. 이러한 인사는 어른을 존경하는 마음을 표현하는 것이다.

- 면적: 약 30만 km²
- 인구: 약 1억 651만 명
- 주요 언어: 필리핀 어, 영어
- 주요 종교: 기독교(주로 가톨릭교) 외
- 통화: 페소
- 시차: −1시간

50　인사말: 필리핀 어

유럽
EUROPE

GREECE

안녕하세요
칼리메라
Καλημέρα

파르테논 신전(세계 유산)

올림피아 유적(세계 유산)

고맙습니다
에프하리스토
Ευχαριστώ

산토리니 섬의 하얀 벽 건물

올리브

안녕히 가세요
안디오
Αντίο

무명전사의 무덤을 지키는 위병

그리스

그리스공화국

Hellenic Republic

수도: 아테네

고대부터 번영했던 나라로, 많은 유적이 남아 있다. 특히 세계 유산인 올림피아 유적과 파르테논 신전은 유명한 관광지이다. 올리브 재배가 발달해서 요리뿐 아니라 비누나 화장품으로도 만들고 있다. 제1회 근대 올림픽 경기를 열었던 나라이기도 하다.

- 면적: 약 13만 2,000km²
- 인구: 약 1,114만 명
- 주요 언어: 그리스 어
- 주요 종교: 기독교(그리스 정교)
- 통화: 유로
- 시차: −7시간

52 인사말: 그리스 어

NETHERLANDS

안녕하세요
후더미다흐
Goedemiddag

수상 가옥 하우스 보트
짐받이가 달린 자전거
치즈
암스테르담의 운하 (세계 유산)
나무 신발
킨디디지크 풍차 (세계 유산)

고맙습니다
당 큐
Dank u

안녕히 가세요
톳 진스
Tot ziens

청어 초절임

네덜란드
네덜란드왕국
Kingdom of the Netherlands
수도: 암스테르담

나라의 4분의 1이 해수면보다 낮은 간척지이며, 물을 퍼 올리기 위해 만든 풍차를 많이 볼 수 있다. 수도 암스테르담에는 여러 개의 운하가 뻗어 있고, 물 위에는 사람들이 사는 집이 떠 있다. 치즈와 버터를 만드는 낙농, 튤립 등을 가꾸는 원예가 발달했다.

- 면적: 약 4만 2,000km²
- 인구: 약 1,708만 명
- 주요 언어: 네덜란드 어
- 주요 종교: 기독교 외
- 통화: 유로
- 시차: −8시간

이곳들도 네덜란드의 행정 구역이다.

인사말: 네덜란드 어

NORWAY

안녕하세요
구 닥
God dag

오로라

노벨 평화상 수상식

올빼미

순록 썰매

바이킹

노르딕 스키

쇄빙선

흰담비

안녕히 가세요
하 데
Ha det

고맙습니다
탁
Takk

북극곰

우르네스 목조 교회(세계 유산)

연어와 대구잡이

노르웨이

노르웨이왕국

Kingdom of Norway

수도: 오슬로

이 나라의 북부는 북극권에 속하고, 오로라를 볼 수 있다. 남서부 해안은 빙하로 깎인 피오르라고 하는 독특한 지형으로 되어 있다. 12세기에 지은 우르네스 목조 교회는 못을 한 개도 사용하지 않았다고 한다. 어업이 발달했으며, 연어나 대구 등이 잡힌다.

- 면적: 약 32만 4,000km²
- 인구: 약 535만 명
- 주요 언어: 노르웨이 어
- 주요 종교: 기독교(복음 루터파)
- 통화: 노르웨이 크로네
- 시차: −8시간

54 인사말: 노르웨이 어

DENMARK

안녕하세요
고드 다
God dag

인어 공주상

풍력 발전 선진국

짐받이가 달린 자전거

로스킬레 대성당(세계 유산)

고맙습니다
탁
Tak

얼음집

오트밀

그린란드의 민족의상

안녕히 가세요
퐈벨
Farvel

양돈업

흑고니(국조)

유틀란트 반도와 수도가 자리한 셀란 섬으로 이루어진 나라이다. 많은 동화를 남긴 안데르센이 태어난 나라로, 수도 코펜하겐의 항구에는 《인어 공주》에서 착안한 동상이 세워져 있다. 북극권에 속하는 그린란드도 이 나라의 자치령이다.

덴마크
덴마크왕국
Kingdom of Denmark
수도: 코펜하겐

- 면적: 약 4만 3,000km²
- 인구: 약 575만 명
- 주요 언어: 덴마크 어
- 주요 종교: 기독교(복음 루터파)
- 통화: 덴마크 크로네
- 시차: −8시간

그린란드도 덴마크의 행정 구역 가운데 하나이다.

인사말: 덴마크 어

GERMANY

안녕하세요
구-텐 탁
Guten Tag

전통 공예품 호두까기 인형

브레첼 가게

노이슈반슈타인 성

고맙습니다
당케 쇤
Danke schön

소시지

브레첼

안녕히 가세요
아우프 비-더제-엔
Auf Wiedersehen

빨간 두건 소녀

크베들린부르크 구시가지(세계 유산)의 목조 주택

독일
독일연방공화국
Federal Republic of Germany
수도: 베를린

《빨간 두건》 등을 쓴 그림 형제가 태어난 나라로, 동화의 무대 등 약 50개 거리를 잇는 메르헨 가도는 인기 있는 관광지이다. 이름난 요리로는 소시지와 브레첼이라고 하는 구운 과자가 있다. 맥주 원료가 되는 홉의 생산량은 세계 1위로, 맥주 생산이 발달해 있다.

- 면적: 약 35만 7,000km²
- 인구: 약 8,229만 명
- 주요 언어: 독일어
- 주요 종교: 기독교(가톨릭교, 개신교), 이슬람교
- 통화: 유로
- 시차: −8시간

LATVIA

안녕하세요
라브디엔
Labdien

호밀로 만드는 검은 빵

발트 3국의 뜨개질

황새

고맙습니다
팔디에스
Paldies

리가 역사 지구(세계 유산)

꽃이 가득한 여름 축제

안녕히 가세요
우즈 레제샤노스
Uz redzēšanos

발트 해에 위치한 발트 3국* 가운데 하나로, 삼림이 많아 임업이나 제재업이 발달했다. 중세의 오래된 건물이 남아 있는 리가의 거리는 그 아름다움 때문에 '발트 해의 진주'라고 불린다. 뜨개질이 유명하고, 전통 문양을 넣어 짠 장갑이나 양말 등이 인기가 있다.

라트비아

라트비아공화국

Republic of Latvia

수도: 리가

- 면적: 약 6만 5,000km²
- 인구: 약 193만 명
- 주요 언어: 라트비아 어
- 주요 종교: 기독교(복음 루터파, 가톨릭교, 러시아 정교)
- 통화: 유로
- 시차: −7시간

※ 발트 3국이란 발트 해 동쪽에 위치한 에스토니아, 라트비아, 리투아니아 3개국을 말한다.

인사말: 라트비아 어

RUSSIA

우주선 소유스호

성 바실리 대성당(세계 유산)

안녕하세요
도-브리 젠
Добрый день

우주 로켓

시베리아 철도

볼쇼이 서커스

시베리아호랑이

고맙습니다
스빠씨-바
Спасибо

크렘린(세계 유산)

안녕히 가세요
다 스비다-냐
До свидания

마트료시카

민족의상
루바슈카

세계에서 국토 면적이 가장 넓은 나라이다. 블라디보스토크와 수도 모스크바를 잇는 시베리아 철도도 세계에서 가장 긴 철도이다. 볼쇼이 서커스는 국립 단체로, 세계 여러 나라에서 공연을 한다. 마트료시카는 인형 안에 인형을 넣은 인형인데, 일본의 인형을 토대로 만든 민예품이다.

러시아

러시아연방

Russian Federation

수도: 모스크바

- 면적: 약 1,709만 8,000km²
- 인구: 약 1억 4,396만 명
- 주요 언어: 러시아 어 외
- 주요 종교: 기독교(러시아 정교), 이슬람교 외
- 통화: 루블
- 시차: +3～-7시간(모스크바는 -6시간)

58 인사말: 러시아 어

ROMANIA

마라무레슈 지방에서는 혼례 전 집 마당의 나무에 냄비를 장식한다.

안녕하세요
부너 지우아
Bună ziua

마라무레슈 지방의 묘

도나우 강 유역의 습지대(세계 유산)

브란 성

고맙습니다
물쭈메스크
Mulțumesc

안녕히 가세요
라 레베데레
La revedere

도나우 강 하구에는 도나우 강 삼각주라고 하는 커다란 삼각주가 펼쳐져 있어서 들새가 많이 모여든다. 이 나라 북부의 마라무레슈 지방에는 나무를 깎아 만든 다채로운 색깔의 묘가 늘어서 있는데, 거기에 고인의 생전 모습 등이 그려져 있다. 《흡혈귀 드라큘라》에 나오는 브란 성도 유명하다.

루마니아
루마니아
Romania
수도: 부쿠레슈티

- 면적: 약 23만 8,000km²
- 인구: 약 1,958만 명
- 주요 언어: 루마니아 어
- 주요 종교: 기독교(루마니아 정교, 가톨릭교)
- 통화: 레우
- 시차: −7시간

인사말: 루마니아 어

LUXEMBOURG

안녕하세요
모이엥
Moien

룩셈부르크 시의 오래된 거리(세계 유산)

와인

고맙습니다
멜시
Merci

안녕히 가세요
에디
Äddi

CHOCOLATE

초콜릿

도기

커피

벨기에, 프랑스, 독일에 둘러싸인 작은 나라이다. 독일과의 국경에는 모젤 강이 흐르고, 이 강 근처에서 만드는 와인이 유명하다. 수도 룩셈부르크의 구시가지에는 역사적인 건물들이 많이 남아 있다. 국기가 네덜란드 국기와 비슷하지만, 파란색의 농도가 다르다.

룩셈부르크

룩셈부르크대공국

Grand Duchy of Luxembourg

수도: 룩셈부르크

- 면적: 약 2,586km²
- 인구: 약 59만 명
- 주요 언어: 룩셈부르크 어 외
- 주요 종교: 기독교(가톨릭교) 외
- 통화: 유로
- 시차: −8시간

55

LITHUANIA

고맙습니다
아츄
Āčiū

안녕하세요
라바 디에나
Labà dienà

빌뉴스 역사 지구(세계 유산)

샤울라이의 십자가 언덕

쿠로니아 모래톱
(세계 유산)

안녕히 가세요
이키 파시마티모
Ìki pasimãtymo

호박(琥珀)

발트 3국 가운데 남쪽에 위치한 나라이다. 발트 해에는 쿠로니아 모래톱이라고 하는 가늘고 긴 모래섬이 있어서 관광지로도 인기가 높다. 호박(琥珀: 나무의 진 등이 땅속에 묻혀서 굳어진 누런색 광물)의 명산지이며, 가공품은 세계 여러 나라에 수출하고 있다. 14~16세기에 번영한 수도 빌뉴스에는 옛 건축물들이 많이 남아 있다.

리투아니아

리투아니아공화국

Republic of Lithuania

수도: 빌뉴스

- 면적: 약 6만 5,000km²
- 인구: 약 288만 명
- 주요 언어: 리투아니아 어
- 주요 종교: 기독교(가톨릭교)
- 통화: 유로
- 시차: −7시간

인사말: 리투아니아 어

LIECHTENSTEIN

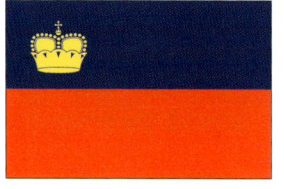

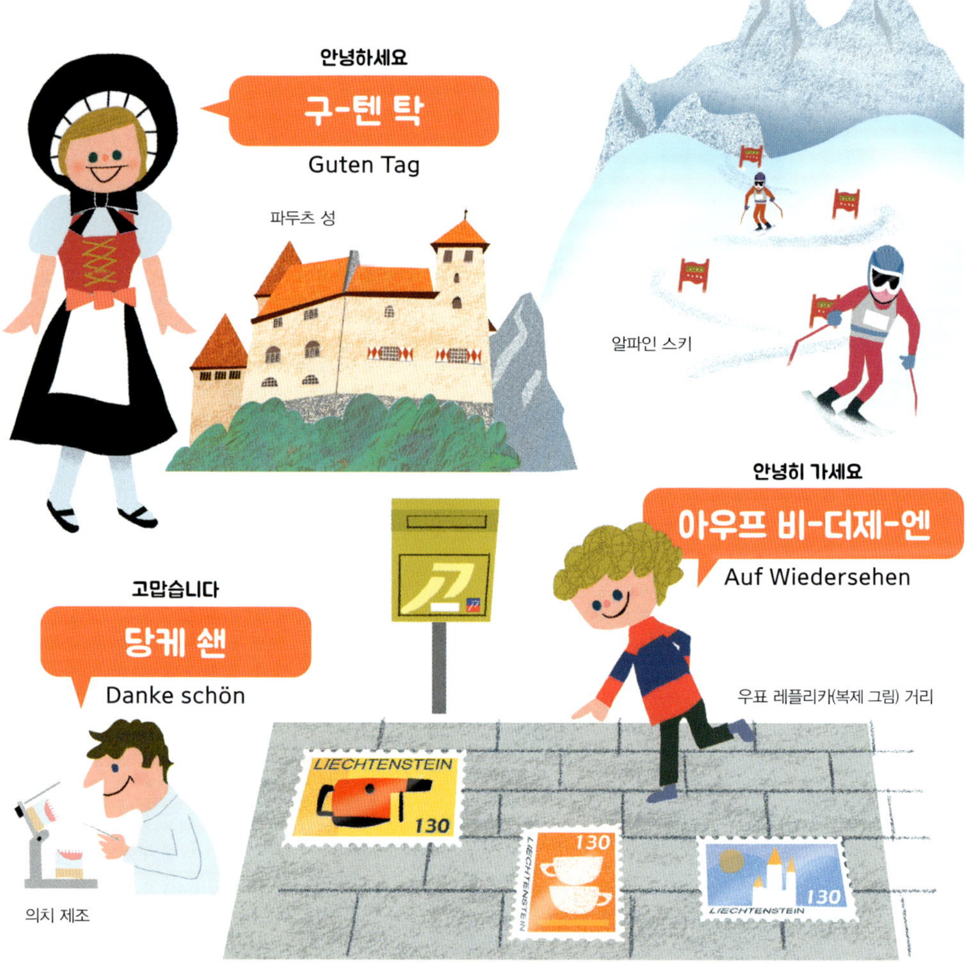
안녕하세요
구-텐 탁
Guten Tag
파두츠 성
알파인 스키
안녕히 가세요
아우프 비-더제-엔
Auf Wiedersehen
고맙습니다
당케 쇤
Danke schön
우표 레플리카(복제 그림) 거리
LIECHTENSTEIN
130
LIECHTENSTEIN
130
130
LIECHTENSTEIN
의치 제조

스위스와 오스트리아 사이에 있는 작은 나라로, 면적이 대한민국 서울시의 4분의 1 정도 된다. 관광이 주요 산업 가운데 하나이며, 라인 강 가까이 자리 잡고 있는 파두츠 성은 관광객들이 즐겨 찾는 이름난 곳이다. 아름다운 우표로도 유명한데, 확대한 우표 그림을 보도에 깔아 놓은 거리도 있다.

리히텐슈타인

리히텐슈타인공국

Principality of Liechtenstein

수도: 파두츠

- 면적: 약 161km^2
- 인구: 약 3만 8,000명
- 주요 언어: 독일어
- 주요 종교: 기독교(가톨릭교, 개신교), 이슬람교
- 통화: 스위스 프랑
- 시차: −8시간

57

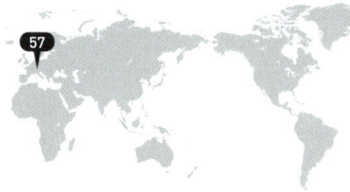

MONACO

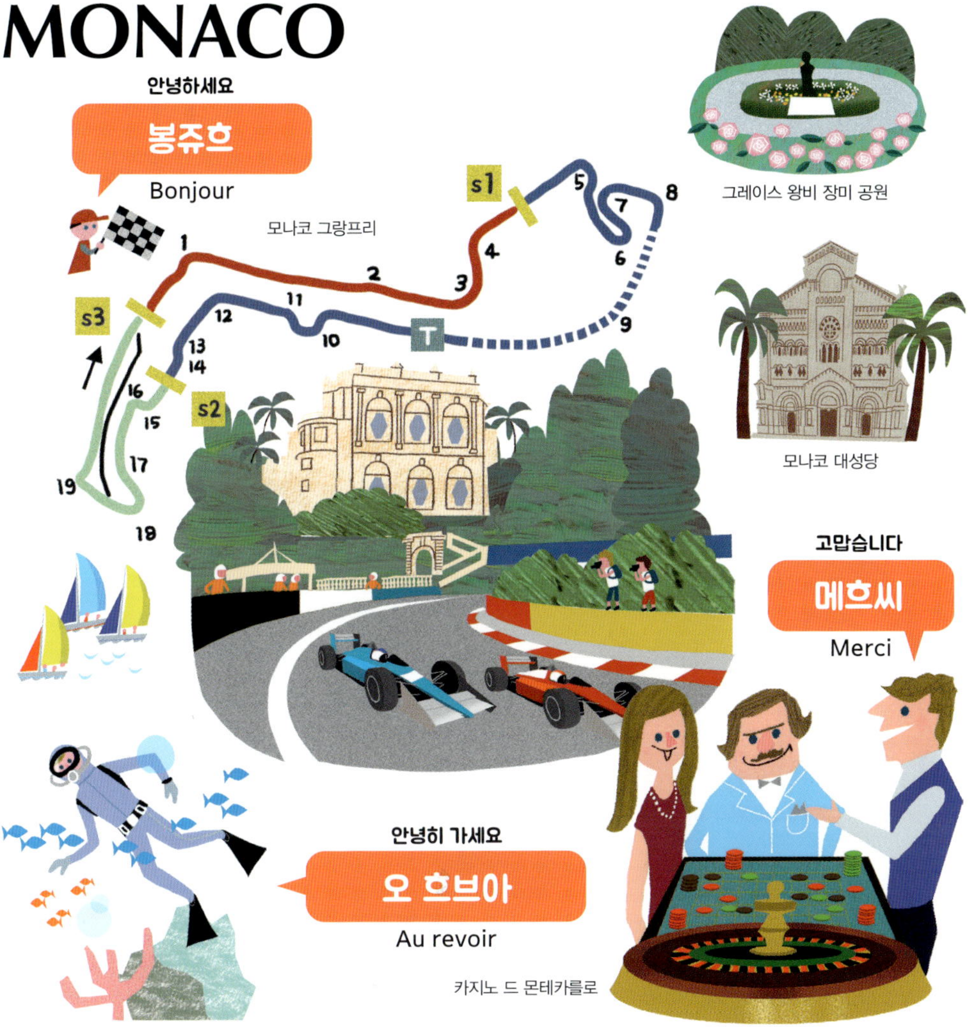

안녕하세요
봉쥬흐
Bonjour

모나코 그랑프리

그레이스 왕비 장미 공원

모나코 대성당

고맙습니다
메흐씨
Merci

안녕히 가세요
오 흐브아
Au revoir

카지노 드 몬테카를로

모나코
모나코공국
Principality of Monaco
수도: 모나코

국토의 길이가 3km 정도로, 세계에서 두 번째로 작은 나라이다. 긴 역사를 자랑하는 자동차 경주 대회 모나코 그랑프리에서는 경주용 자동차가 일반 도로를 달린다. 관광 산업이 발달했으며, 세계 여러 나라 사람들이 찾는 카지노인 몬테카를로는 건물의 아름다움으로도 유명하다.

- 면적: 약 2km^2
- 인구: 약 3만 8,000명
- 주요 언어: 프랑스 어
- 주요 종교: 기독교(가톨릭교) 외
- 통화: 유로
- 시차: −8시간

인사말: 프랑스 어

MONTENEGRO

안녕하세요 도바르 단 / Dobar dan

코토르의 거리와 항구(세계 유산)

유럽큰뇌조

성 트리푼 대성당(세계 유산)

고맙습니다 흐발라 / Hvala

안녕히 가세요 도 뷔제냐 / Do viđenja

바르 철도

악기 구슬레

두르미토르 국립 공원(세계 유산)의 샤무아

슈코더르 호수의 사다새

몬테네그로
몬테네그로
Montenegro
수도: 포드고리차

남북 80km에 걸친 유럽 최대 규모의 타라 계곡에는 샤무아라고 하는 희귀 동물이 살고 있다. 아드리아 해 연안의 코토르는 아름다운 마을 거리와 상점 거리가 잘 보존되어 있는 도시이다. 항만 도시 바르와 세르비아의 수도 베오그라드를 연결하는 바르 철도는 세계에서 가장 높은 철도교를 지난다.

- 면적: 약 1만 4,000km²
- 인구: 약 63만 명
- 주요 언어: 몬테네그로 어
- 주요 종교: 기독교(세르비아 정교), 이슬람교 외
- 통화: 유로
- 시차: −8시간

MOLDOVA

안녕하세요
부나 지아
Bună ziua

소로카의 원형 요새

키시네프 대성당

고맙습니다
물츄메스크
Mulțumesc

안녕히 가세요
라 레붸데라
La revedere

와인 축제

포도 재배가 활발하며, 와인 생산의 역사는 5,000년이 넘는다. 해마다 10월에는 수확을 축하하는 와인 축제를 성대하게 벌인다. 드네스트르 강가에 자리한 소로카에는 원형 요새가 있는데, 수도에 있는 키시네프 대성당과 함께 관광지로 이름난 곳이다.

몰도바
몰도바공화국
Republic of Moldova
수도: 키시네프

- 면적: 약 3만 4,000km²
- 인구: 약 404만 명
- 주요 언어: 몰도바 어, 러시아 어
- 주요 종교: 기독교(몰도바 정교)
- 통화: 몰도바 레우
- 시차: −7시간

인사말: 몰도바 어

MALTA

세계에서 가장 오래된 건물 가운데 하나라고 할 수 있는 거석 신전군(세계 유산)

안녕하세요
헬로
Hello

고맙습니다
그라찌
Grazzi

고양이의 낙원 몰타 섬

안녕히 가세요
사흐하
Saḥḥa

발레타 시가지
(세계 유산)

몰타 기사단 행렬

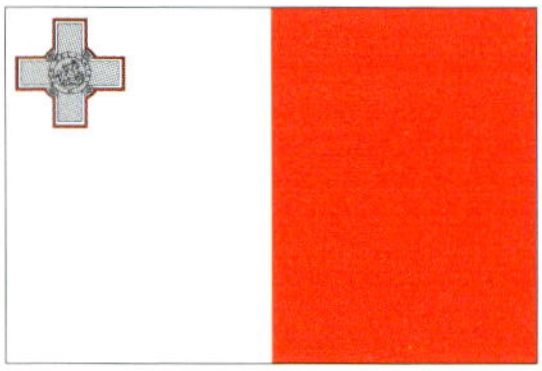

지중해에 있는 섬나라로, 몰타 섬, 고조 섬 등으로 이루어져 있다. 수도 발레타는 세계 유산에 등록된 아름다운 거리로 유명하다. 고조 섬에 있는 거석 신전군은 피라미드보다 1,000년 이상 오래된 건축물이라고 한다. 이 나라는 몰티즈 개의 원산지이기도 하다.

몰타

몰타공화국

Republic of Malta

수도: 발레타

- 면적: 약 315km²
- 인구: 약 43만 명
- 주요 언어: 몰타 어, 영어
- 주요 종교: 기독교(가톨릭교)
- 통화: 유로
- 시차: −8시간

인사말: 몰타 어

VATICAN

교황령 산탄젤로 성과 산탄젤로 다리의 천사상(세계 유산)

안녕하세요
살웨
Salvē

고맙습니다
그라시아스
Grātiās

주교

산피에트로 광장과 대성당(세계 유산)

안녕히 가세요
왈레
Valē

바티칸시국 전체의 약 반 이상을 차지하는 바티칸 정원 (세계 유산)

스위스 인 위병

바티칸

바티칸시국

Vatican City State

수도: 없음(도시 국가의 하나)

이탈리아 로마 안에 있는 세계에서 가장 작은 나라이다. 가톨릭교회의 최고 지도자인 로마 교황이 나라를 다스리고, 시민 대부분이 성직에 종사하고 있다. 바티칸 미술관은 역사가 500년 이상 되었으며, 특히 시스티나 예배당은 미켈란젤로의 벽화로도 널리 알려져 있다.

- 면적: 약 0.44km²
- 인구: 약 800명
- 주요 언어: 라틴 어, 프랑스 어, 이탈리아 어
- 주요 종교: 기독교(가톨릭교)
- 통화: 유로
- 시차: −8시간

인사말: 라틴 어

BELGIUM

파랑새

유럽 연합(EU) 본부

고양이 축제

오줌싸개 소년상

안녕하세요
후더미다흐
Goedemiddag

와플과 초콜릿

고맙습니다
당 큐
Dank u

브뤼셀의 그랑플라스(세계 유산)

안녕히 가세요
톳 진스
Tot ziens

벨기에

벨기에왕국

Kingdom of Belgium

수도: 브뤼셀

수도 브뤼셀의 그랑플라스에서는 광장 전체에 꽃을 까는 플라워 카펫이라고 하는 꽃 축제가 2년에 한 번 열린다. 벨기에 와플과 초콜릿이 유명하다. 《파랑새》를 쓴 작가 모리스 마테를링크가 태어난 나라이다.

- 면적: 약 3만 1,000km²
- 인구: 약 1,150만 명
- 주요 언어: 네덜란드 어, 프랑스 어, 독일어
- 주요 종교: 기독교(가톨릭교) 외
- 통화: 유로
- 시차: −8시간

68 인사말: 네덜란드 어

BELARUS

안녕하세요
즈다로우쉐
Здароўuе

리넨

아마

미르 성(세계 유산)

고맙습니다
쟈크이
Дзякуй

아마의 꽃

안녕히 가세요
다 파바체냐
Да пабачэння

비아워비에자 숲(세계 유산)에 사는 유럽들소

벨라루스

벨라루스공화국

Republic of Belarus

수도: 민스크

폴란드와의 국경에 걸쳐 있는 비아워비에자 숲에는 멸종 위기에 처한 유럽들소가 살고 있다. 연보라색 꽃을 피우는 아마 재배가 발달했으며, 아마의 실로 짠 직물인 리넨은 특산품이다. 국기 왼쪽에는 전통적인 직물 무늬가 그려져 있다.

- 면적: 약 20만 8,000km²
- 인구: 약 945만 명
- 주요 언어: 벨라루스 어, 러시아 어
- 주요 종교: 기독교(러시아 정교, 가톨릭교)
- 통화: 벨라루스 루블
- 시차: −6시간

인사말: 벨라루스 어

BOSNIA AND HERZEGOVINA

안녕하세요
도바르 단
Dobar dan

비셰그라드의 메흐메드 파샤 소콜로비차 다리(세계 유산)

모스타르 구시가지의 옛 다리 스타리 모스트(세계 유산)

고맙습니다
흐발라
Hvala

안녕히 가세요
도 뷔제냐
Do viđenja

체밥치치(납작한 빵과 소시지)

바슈카르지아 광장

나라의 대부분이 산지이고 임업 외에도 담배와 옥수수 재배가 발달했다. 남부에 위치한 모스타르의 아치교 스타리 모스트는 나라의 상징적 존재이며, 구시가지의 네레트바 강에 놓여 있다. 양고기를 갈아 만든 요리 체밥치치가 유명하다.

보스니아헤르체고비나

보스니아헤르체고비나
Bosnia and Herzegovina
수도: 사라예보

- 면적: 약 5만 1,000km²
- 인구: 약 350만 명
- 주요 언어: 보스니아 어, 크로아티아 어, 세르비아 어
- 주요 종교: 이슬람교, 기독교(세르비아 정교, 가톨릭교)
- 통화: 태환 마르카
- 시차: −8시간

70   인사말: 보스니아 어

NORTH MACEDONIA

안녕하세요
도바르 덴
Добар ден

흰죽지수리

회색사다새

고맙습니다
브라고달람
Благодарам

안녕히 가세요
다 그레다니에
До гледање

스코페 요새 유적

긴 호박

와인

알바니아와의 국경에 위치한 오흐리드 호수는 유럽에서 가장 오래된 호수로, 깊이가 288m나 된다. 회색사다새, 흰죽지수리 등 보기 드문 새가 살고 있는 곳으로도 유명하다. 호박과 포도 가공업이 발달했으며, 와인, 치즈도 생산하고 있다.

※구 마케도니아
북마케도니아

북마케도니아공화국

Republic of North Macedonia

수도: 스코페

- 면적: 약 2만 6,000km²
- 인구: 약 209만 명
- 주요 언어: 마케도니아 어, 알바니아 어
- 주요 종교: 기독교(마케도니아 정교), 이슬람교
- 통화: 마케도니아 데나르
- 시차: −8시간

인사말: 마케도니아 어

BULGARIA

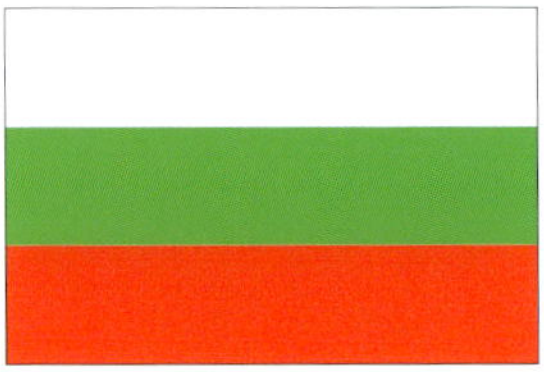

안녕하세요
도버르 덴
Добър ден

회색사다새

요구르트

새해 전통 행사

장미 축제

고맙습니다
블라고다랴
Благодаря

릴라 수도원(세계 유산)

안녕히 가세요
도비쥬다네
Довиждане

불가리아 자수 레이스

장미 재배가 발달했고, 장미의 계곡이라고 부르는 지역에서는 수확을 축하하며 해마다 장미 축제를 연다. 요구르트와 치즈는 전통 음식 가운데 하나이며, 요리에도 다양하게 쓰인다. 서부에 있는 릴라 수도원은 돔 형태의 지붕과 프레스코화로 유명한 세계 유산이다.

불가리아
불가리아공화국
Republic of Bulgaria
수도: 소피아

- 면적: 약 11만 1,000km²
- 인구: 약 704만 명
- 주요 언어: 불가리아 어
- 주요 종교: 기독교(불가리아 정교), 이슬람교
- 통화: 레프
- 시차: −7시간

67

72 인사말: 불가리아 어

SAN MARINO

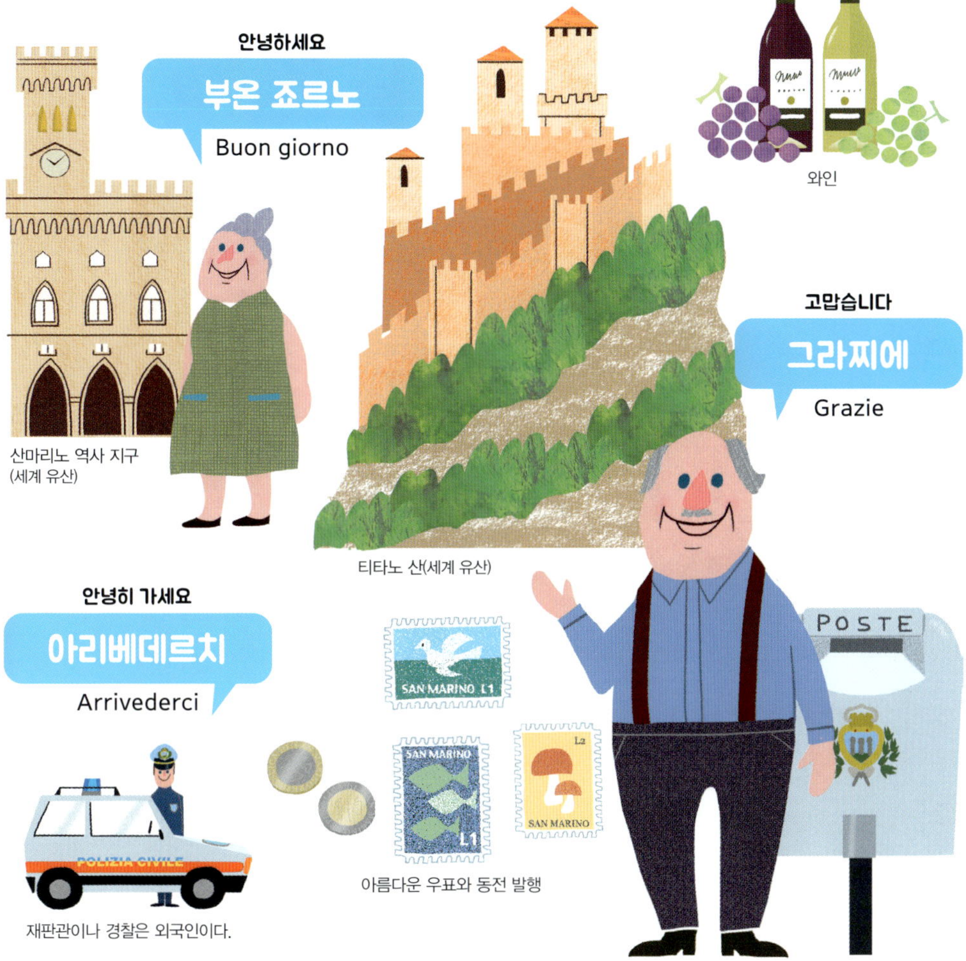

안녕하세요
부온 죠르노
Buon giorno

와인

산마리노 역사 지구
(세계 유산)

고맙습니다
그라찌에
Grazie

티타노 산(세계 유산)

안녕히 가세요
아리베데르치
Arrivederci

아름다운 우표와 동전 발행

재판관이나 경찰은 외국인이다.

산마리노

산마리노공화국

Republic of San Marino

수도: 산마리노

이탈리아 안에 있는 작은 나라로, 4세기쯤에 생긴 가장 오래된 공화국이다. 표고 739m의 티타노 산에 수도 산마리노가 있다. 아름다운 우표나 동전이 유명해서 수집가도 많다. 남성의 평균 수명은 83세로, 세계 1위[※]이다.

- 면적: 약 $61km^2$
- 인구: 약 3만 명
- 주요 언어: 이탈리아 어
- 주요 종교: 기독교(가톨릭교)
- 통화: 유로
- 시차: −8시간

※2013년 시점: '세계보건통계' 2015년판 기준

인사말: 이탈리아 어

SERBIA

와인
포도
플럼

당나귀 젖 치스

안녕하세요
도바르 단
Добар дан

소포차니 수도원
(세계 유산)

스투데니차 수도원
(세계 유산)

안녕히 가세요
도 비제냐
До виђења

고맙습니다
후봐라
Хвала

2006년에 몬테네그로와 분리된 발칸 반도 중앙에 있는 나라이다. 농업은 플럼이나 포도 재배가 왕성하고, 와인이나 플럼 브랜디도 많이 만들고 있다. 자연 보호 구역에서 사는 당나귀의 젖으로 만든 치즈는 세계에서 가장 비싸기로 유명하다.

세르비아

세르비아공화국

Republic of Serbia

수도: 베오그라드

- 면적: 약 7만 7,000km²
- 인구: 약 876만 명
- 주요 언어: 세르비아 어, 헝가리 어 외
- 주요 종교: 기독교(세르비아 정교, 가톨릭교)
- 통화: 세르비아 디나르
- 시차: −8시간

74 인사말: 세르비아 어

SWEDEN

오로라

타눔 바위그림(세계 유산)

안녕하세요
구 다그
God dag

임업

말괄량이 삐삐

말코손바닥사슴

안녕히 가세요
헤이 도
Hej då

달라헤스트(목마)

노벨상

고맙습니다
타크
Tack

침엽수림이 뒤덮여 있어 임업이 발달한 나라로, 나무로 만든 가구가 유명하다. 서부 해안에 있는 타눔 바위그림은 지금으로부터 약 2,500~3,000년 전에 살았던 사람들이 배나 신을 그린 아득한 옛날 그림이다. 수도 스톡홀름에서는 노벨상 수상식이 열린다.

스웨덴

스웨덴왕국

Kingdom of Sweden

수도: 스톡홀름

- 면적: 약 43만 9,000km²
- 인구: 약 998만 명
- 주요 언어: 스웨덴 어
- 주요 종교: 기독교(복음 루터파)
- 통화: 스웨덴 크로나
- 시차: −8시간

인사말: 스웨덴 어

SWITZERLAND

안녕하세요
구-텐 탁
Guten Tag

고맙습니다
당케 쇤
Danke schön

알프스의 소녀 하이디

정밀 기기 제조

송년 행사 질베스터클라우젠

안녕히 가세요
아우프 비-더제-엔
Auf Wiedersehen

마터호른

래티셰 반 철도 (세계 유산)

치즈 퐁뒤

악기 알펜호른

남부는 알프스 산맥과 이어져 있고, 표고 4,478m의 마터호른에는 세계 곳곳에서 많은 사람들이 찾고 있다. 정밀 기계 공업이 발달했으며, 특히 시계 제조 기술이 뛰어나다. 스위스 작가 요하나 슈피리가 쓴 《알프스의 소녀 하이디》는 대한민국에서도 인기 있는 작품이다.

스위스

스위스연방

Swiss Confederation

수도: 베른

- 면적: 약 4만 1,000km²
- 인구: 약 854만 명
- 주요 언어: 독일어, 프랑스 어, 이탈리아 어 외
- 주요 종교: 기독교(가톨릭교, 개신교)
- 통화: 스위스 프랑
- 시차: −8시간

76 인사말: 독일어

SPAIN

안녕하세요
부에나스 따르데스
Buenas tardes

고맙습니다
그라씨아스
Gracias

사그라다 파밀리아 (세계 유산)

플라멩코

투우

소몰이 축제

안녕히 가세요
아디오스
Adiós

올리브

오렌지

파에야

안달루시아 지방의 해바라기

스페인

스페인 왕국

Kingdom of Spain

수도: 마드리드

사그라다 파밀리아는 건축가 가우디가 설계한 대성당이다. 1882년에 건설하기 시작해 지금도 공사가 계속되고 있으며, 완성하기까지 좀 더 시간이 걸릴 것이라고 한다. 투우사가 소와 싸우는 투우가 국기 중 하나이다. 쌀이나 어패류 등으로 만드는 파에야와 차가운 수프인 가스파초가 유명하다.

- 면적: 약 50만 6,000km²
- 인구: 약 4,640만 명
- 주요 언어: 스페인 어 외
- 주요 종교: 기독교(가톨릭교) 외
- 통화: 유로
- 시차: −8시간

이곳에도 스페인 마을이 있다.

인사말: 스페인 어

SLOVAKIA

전통적인 생활을 이어 가는 블콜리네츠 마을(세계 유산)

안녕하세요
도브리 덴
Dobrý deň

브라티슬라바 성

타트라 산맥

악기 푸자라

마르모트
(다람쥣과의 한 종류)

고맙습니다
쟈꾸엠
Ďakujem

안녕히 가세요
도비데니아
Dovidenia

샤무아

슬로바키아

슬로바키아공화국

Slovak Republic

수도: 브라티슬라바

1993년에 체코와 갈라져 생겨난 나라이다. 산악 지대에 자리한 블콜리네츠 마을은 전통 목조 가옥이 많이 남아 있으며, 세계 유산에 등록되어 있다. 옛날부터 양치기가 연주했던 푸자라고 하는 전통 민족 악기가 있다. 폴란드로 이어지는 타트라 산맥에는 마르모트와 샤무아가 살고 있다.

- 면적: 약 4만 9,000km²
- 인구: 약 545만 명
- 주요 언어: 슬로바키아 어
- 주요 종교: 기독교(주로 가톨릭교, 개신교)
- 통화: 유로
- 시차: −8시간

78 　인사말: 슬로바키아 어

SLOVENIA

안녕하세요
도브르 단
Dober dan

흰말로 유명한 리피자너

산악 스키

이드리야 레이스

안녕히 가세요
나 스비데니에
Na svidenje

고맙습니다
후바라
Hvala

포스토이나 종유굴

블레드 호수의 성모 마리아 교회

슬로베니아

슬로베니아공화국

Republic of Slovenia

수도: 류블랴나

1991년 유고슬라비아에서 독립한 나라이다. 북서부에 위치한 블레드 호수는 빙하가 녹아서 생겨난 호수이다. 그 한가운데에 떠 있는 섬에는 15세기쯤 건축된 교회가 있는데, 여기서 결혼식도 할 수 있다. 이드리야 지방에서 전해 오는 이드리야 레이스는 이 나라의 대표적인 공예품이다.

- 면적: 약 2만 km^2
- 인구: 약 208만 명
- 주요 언어: 슬로베니아 어
- 주요 종교: 기독교(가톨릭교, 세르비아 정교), 이슬람교
- 통화: 유로
- 시차: −8시간

인사말: 슬로베니아 어

ICELAND

오로라

화산

지열 발전

아일랜드조랑말

지하에서 뜨거운 물이 솟아오르는 간헐천

안녕하세요
고자 다잉
Góðan daginn

세계 최대의 온천 시설 블루 라군

고맙습니다
사카 세루 피리루
Þakka þér fyrir

안녕히 가세요
블레스
Bless

바다코끼리

대서양퍼핀

물범

북극권 바로 근처, 세계에서 가장 북쪽에 있는 섬나라이다. 화산이 많아 온천도 많다. 세계 최대의 노천온천 블루 라군이 유명하다. 남부의 빙하에는 물범, 바다코끼리 등이 산다. 여름에는 백야라고 하는 해가 지지 않는 기간이 있다. 밤에도 밝다.

아이슬란드

아이슬란드공화국

Republic of Iceland

수도: 레이캬비크

- 면적: 약 10만 3,000km²
- 인구: 약 34만 명
- 주요 언어: 아이슬란드 어
- 주요 종교: 기독교(복음 루터파) 외
- 통화: 아이슬란드 크로나
- 시차: -9시간

인사말: 아이슬란드 어

IRELAND

홍차

감자

아이리시스튜

켈트 십자

안녕하세요
치아 다이치
Dia dhuit

고맙습니다
고 라입 마이스 아곳
Go raibh maith agat

양

안녕히 가세요
슬론 아곳
Slán agat

세 잎 토끼풀(국화)

거인의 테이블

아이리시 댄스

아이리시 댄스가 전통 춤이다. 그중에서도 다리만 써서 춤을 추는 스텝 댄스가 유명하다. 바렌 고원에 있는 '거인의 테이블'은 거대한 돌을 테이블처럼 만든 것으로, 수천 년 전에 만들어진 무덤이라고 한다. 1인당 홍차 소비량이 세계 상위권이다.

아일랜드

아일랜드

Ireland

수도: 더블린

- 면적: 약 7만 km²
- 인구: 약 480만 명
- 주요 언어: 아일랜드 어(게일 어), 영어
- 주요 종교: 기독교(주로 가톨릭교) 외
- 통화: 유로
- 시차: −9시간

인사말: 아일랜드 어

ANDORRA

성 요한 데 카세레스 교회

안녕하세요
보나 따르데
Bona tarda

피레네 산맥

고맙습니다
그라시에스
Gràcies

안녕히 가세요
아데우
Adéu

프랑스 우체통

스페인 우체통

안도라

안도라공국

Principality of Andorra

수도: 안도라라베야

피레네 산맥에 위치한 작은 나라이다. 면적이 대한민국 제주도의 4분의 1 정도이다. 관광이 주요 산업이고, 등산이나 스키를 즐기러 많은 사람이 찾는다. 우편 시스템이 갖추어지지 않아서 스페인과 프랑스에서 들여와 사용한다. 이러한 까닭에 우체국 창구도, 우체통도 두 나라의 것이 모두 설치되어 있다.

- 면적: 약 468km²
- 인구: 약 8만 명
- 주요 언어: 카탈루냐 어
- 주요 종교: 기독교(주로 가톨릭교)
- 통화: 유로
- 시차: −8시간

인사말: 카탈루냐 어

ALBANIA

고맙습니다
팔레민데릿
Faleminderit

천 개의 창문 거리 베라트(세계 유산)

밀
옥수수

안녕하세요
미라디타
Mirëdita

안녕히 가세요
미루파프심
Mirupafshim

부트린트 유적(세계 유산)

돌의 거리 지로카스트라(세계 유산)

발칸 반도에 살고 있는 사람들은 '네.' 할 때 머리를 옆으로 흔들고 '아니요.' 할 때 머리를 위아래로 흔든다.

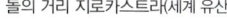

서쪽은 아드리아 해에 접해 있으며, 고대 유적이 많이 남아 있는 나라이다. '천 개의 창문 거리'라고 하는 베라트, 석조 건물과 돌바닥 길이 아름다운 지로카스트라 등지의 옛 거리가 유명하다. 농업이 발달했고, 밀과 옥수수, 올리브, 포도 등을 재배하고 있다.

알바니아

알바니아공화국

Republic of Albania

수도: 티라나

- 면적: 약 2만 9,000km²
- 인구: 약 293만 명
- 주요 언어: 알바니아 어
- 주요 종교: 이슬람교, 기독교
- 통화: 레크
- 시차: −8시간

인사말: 알바니아 어

ESTONIA

안녕하세요
테레
Tere

나무로 만든 스푼과 장난감

발트 3국의 뜨개질

임업

고맙습니다
아이타
Aitäh

안녕히 가세요
내케미세니
Nägemiseni

탈린 구시가지(세계 유산)

5년에 한 번 열리는 '노래와 춤의 제전'은 수만 명이 합창하는 에스토니아 최대 축제이다.

에스토니아
에스토니아공화국
Republic of Estonia
수도: 탈린

발트 해에 접해 있는 라트비아, 리투아니아와 함께 발트 3국※에 속하는 나라이다. 수도 탈린의 구시가지는 13세기쯤에 만들어진 거리인데, 역사 지구로 세계 유산에 등록되어 있다. 임업이 발달했고, 목재와 목제 가구, 장난감 등은 중요한 수출품이다.

- 면적: 약 4만 5,000km²
- 인구: 약 131만 명
- 주요 언어: 에스토니아 어
- 주요 종교: 기독교(복음 루터파) 외
- 통화: 유로
- 시차: −7시간

84 인사말: 에스토니아 어

※발트 3국이란 발트 해 동쪽에 위치한 에스토니아, 라트비아, 리투아니아 3개국을 말한다.

UNITED KINGDOM

빅 벤(세계 유산)
타워 브리지
악기 백파이프
스코틀랜드 민족의상
근위병

안녕하세요
헬로
Hello

고맙습니다
땡큐
Thank you

스톤헨지(세계 유산)

2층 버스
피터 래빗

안녕히 가세요
굿바이
Goodbye

영국
그레이트브리튼및북아일랜드연합왕국
United Kingdom of Great Britain and Northern Ireland
수도: 런던

수도 런던은 세계의 정치·경제·문화의 중심지 가운데 하나이다. 템스 강에는 타워 브리지가 세워져 있으며, 강 주변으로도 빅 벤이라고 하는 시계탑과 웨스트민스터 궁전 등 역사적인 건축물이 많다. 불가사의한 거대 생물 네시가 산다는 전설의 호수도 있다.

- 면적: 약 24만 2,000km²
- 인구: 약 6,657만 명
- 주요 언어: 영어 외
- 주요 종교: 기독교(영국 국교회) 외
- 통화: 영국 파운드
- 시차: −9시간

인사말: 영어

AUSTRIA

안녕하세요
구-텐 탁
Guten Tag

작곡가 모차르트

알프스 산맥

고맙습니다
당케 쇤
Danke schön

빈 국립 오페라 극장
(세계 유산)

오케스트라

잘츠부르크 구시가지(세계 유산)

안녕히 가세요
아우프 비-더제-엔
Auf Wiedersehen

빈 소년 합창단

유럽 대륙의 거의 한가운데에 위치한 나라이며, 모차르트와 슈베르트 등 세계적인 음악가를 낳았다. 소년 합창단으로 알려진 빈과 음악제로 알려진 잘츠부르크가 유명하다. 최근 대한민국에서도 인기를 끌고 있는 자허 토르테 같은 과자가 이 나라의 명물이다.

오스트리아

오스트리아공화국

Republic of Austria

수도: 빈

- 면적: 약 8만 4,000km²
- 인구: 약 875만 명
- 주요 언어: 독일어
- 주요 종교: 기독교(주로 가톨릭교) 외
- 통화: 유로
- 시차: −8시간

UKRAINE

성 소피아 대성당
(세계 유산)

비트

옥수수

보르스치

밀

민족의상
소로치카

안녕하세요
도브르이 덴
Дóбрий дéнь

안녕히 가세요
도 뽀바첸냐
До побáчення

고맙습니다
쟈큐
Дя́кую

코사크 댄스

농업이 왕성하고, 밀과 옥수수, 감자 등을 재배한다. 비트를 넣어 붉은 색을 낸 수프 보르스치가 대표적인 요리이다. 양파처럼 생긴 지붕이 특징인 성 소피아 대성당은 11세기에 건축된 오래된 교회로, 세계 유산에 등록되어 있다.

우크라이나

우크라이나

Ukraine

수도: 키예프

- 면적: 약 60만 4,000km²
- 인구: 약 4,401만 명
- 주요 언어: 우크라이나 어, 러시아 어
- 주요 종교: 기독교(우크라이나 정교) 외
- 통화: 흐리브나
- 시차: −7시간

인사말: 우크라이나 어

ITALY

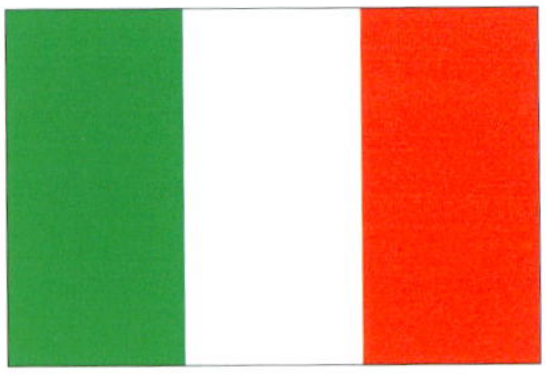

에트나 화산(세계 유산)

고맙습니다
그라찌에
Grazie

안녕하세요
부온 죠르노
Buon giorno

올리브

포도

토마토

파스타

피사의 사탑(세계 유산)

콜로세움(세계 유산)

안녕히 가세요
아리베데르치
Arrivederci

베네치아 유리

피자

베네치아의 곤돌라

장화 모양의 이탈리아 반도와 시칠리아 섬, 사르데냐 섬으로 이루어진 나라이다. 수도는 역사가 오래된 로마이며, 고대 유적이나 예술품이 많이 남아 있다. 대한민국에서도 인기 있는 피자와 파스타가 이 나라를 대표하는 음식 중 하나이다. 베네치아는 물의 도시라고 하는데, 크고 작은 많은 섬으로 이루어진 곳이 있다.

이탈리아

이탈리아공화국

The Italian Republic

수도: 로마

- 면적: 약 30만 2,000km^2
- 인구: 약 5,929만 명
- 주요 언어: 이탈리아 어
- 주요 종교: 기독교, 유대교 외
- 통화: 유로
- 시차: −8시간

83

인사말: 이탈리아 어

CZECH REPUBLIC

안녕하세요
도브리이 덴
Dobrý den

작곡가 드보르자크

보헤미아 유리

안녕히 가세요
나스흘레다노우
Nashledanou

체코 맥주

고맙습니다
데쿠유 밤
Děkuju vám

아이스하키

텔치 역사 지구
(세계 유산)

인형극

체코

체코공화국

Czech Republic

수도: 프라하

1993년 체코슬로바키아가 둘로 갈라져서 생긴 나라이다. 보헤미아 유리라고 하는 유리 공예품과 체코 맥주가 유명하다. 남부의 텔치에는 르네상스 양식의 아름다운 성이나 역사적인 마을 거리가 남아 있다. 옛날부터 인형극이 발달했는데, 마리오네트가 대표적인 공예품이다.

- 면적: 약 7만 9,000km^2
- 인구: 약 1,063만 명
- 주요 언어: 체코 어
- 주요 종교: 기독교(가톨릭교)
- 통화: 체코 코루나
- 시차: −8시간

인사말: 체코 어

KOSOVO

안녕하세요
미라디타
Mirëdita

데카니 수도원(세계 유산)

유럽 최대 아연 광산

고맙습니다
팔레민데릿
Faleminderit

밀
옥수수

발칸 음악

안녕히 가세요
미루파프심
Mirupafshim

2008년 세르비아의 코소보 자치주가 독립해서 생긴 나라이다. 국기에 영토의 형태와 나라를 구성하는 여섯 민족을 별의 수로 표현했다. 유럽 최대 규모의 아연 광산 외에도 은이나 크로뮴 등 지하자원이 풍부하다. 교회나 수도원 등 중세 건축물이 많이 남아 있다.

코소보
코소보공화국
Republic of Kosovo
수도: 프리슈티나

- 면적: 약 1만 1,000km²
- 인구: 약 190만 명
- 주요 언어: 알바니아 어, 세르비아 어
- 주요 종교: 이슬람교, 기독교(세르비아 정교) 등
- 통화: 유로
- 시차: −8시간

인사말: 알바니아 어

CROATIA

안녕하세요
도바르 단
Dobar dan

하트와 물고기 모양의 섬

고맙습니다
흐발라
Hvala

유럽

조선업

아드리아 해를 돌아다니는 크루즈선

두브로브니크 구시가지(세계 유산)

잼 스타

안녕히 가세요
도 비젠야
Do viđenja

아드리아 해에 접해 있는 나라이다. 연안 일대에는 1,000개가 넘는 섬들이 떠 있다. 최근 휴양지로 인기를 끌고 있다. 두브로브니크를 비롯해 여러 섬을 돌아다니는 크루즈선은 많은 관광객으로 북적거린다. 별 모양 과자에 잼을 넣은 잼 스타가 인기 있다.

크로아티아

크로아티아공화국

Republic of Croatia

수도: 자그레브

- 면적: 약 5만 7,000km^2
- 인구: 약 416만 명
- 주요 언어: 크로아티아 어
- 주요 종교: 기독교(가톨릭교, 세르비아 정교) 외
- 통화: 쿠나
- 시차: −8시간

인사말: 크로아티아 어

CYPRUS

파포스 성(세계 유산)

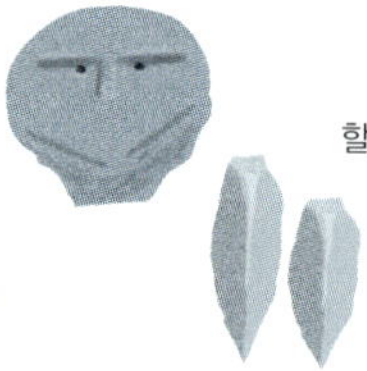

신석기 시대 주거지 코이로코이티아 유적 (세계 유산)의 출토품

할루미 치즈(양젖 또는 염소젖 치즈)

안녕하세요
칼리메라
Καλημέρα

포도

동전

염소

고맙습니다
에프하리스토
Ευχαριστώ

안녕히 가세요
안디오
Αντίο

아프로디테의 바위

키프로스

키프로스공화국

Republic of Cyprus

수도: 니코시아

비너스 여신이 탄생한 지역이라는 전설이 얽혀 있는 장소이다. 아프로디테의 바위는 관광지로 유명하다. 농업으로 올리브와 포도 재배가 활발하며, 양이나 염소의 젖으로 만든 할루미 치즈가 명물이다. 유럽 연합(EU)에 가입되어 있고, 통화는 유로를 쓴다.

- 면적: 약 9,251km^2
- 인구: 약 119만 명
- 주요 언어: 그리스 어, 튀르키예 어
- 주요 종교: 기독교(그리스 정교), 이슬람교 외
- 통화: 유로
- 시차: −7시간

인사말: 그리스 어 (주로 남부에서는 그리스 어, 북부에서는 튀르키예 어를 쓴다.)

PORTUGAL

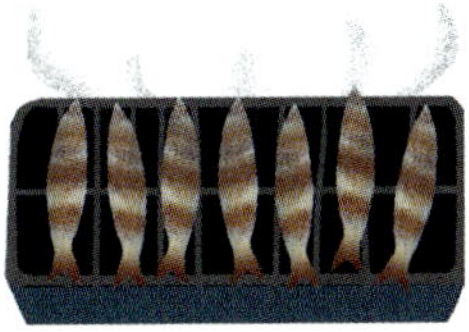

벨렝 탑(세계 유산)

코르크

정어리 축제

안녕하세요
보아 따르지
Boa tarde

장다리물떼새

호카 곶

유라시아 대륙 서쪽 끝의 비석

대항해 시대의 범선

안녕히 가세요
아데우스
Adeus

행운을 가져다준다고 하는
전설의 수탉 '갈로' 장식

고맙습니다
오브리가다
Obrigada※

15세기에 시작된 대항해 시대에 다른 나라로 진출했던 나라이다. 바스코 다가마의 위업을 칭송하여 세운 벨렝 탑은 바다의 침입자를 감시하는 역할도 한다. 유라시아 대륙 서쪽 끝에 해당하는 호카 곶에는 기념비가 세워져 있다. 와인과 코르크 제조, 정어리잡이가 발달했다.

포르투갈

포르투갈공화국

Portuguese Republic

수도: 리스본

- 면적: 약 9만 2,000km²
- 인구: 약 1,029만 명
- 주요 언어: 포르투갈 어
- 주요 종교: 기독교(가톨릭교)
- 통화: 유로
- 시차: −9시간

※고맙습니다.: 남자는 '**오브리가도**(Obrigado)', 여자는 '**오브리가다**(Obrigada)'라고 한다.

인사말: 포르투갈 어   93

POLAND

비엘리치카 소금 광산(세계 유산)

호박(琥珀)

비아워비에자 숲(세계 유산)에 사는 유럽들소

호밀

안녕하세요
지엔 도브리
Dzień dobry

고맙습니다
징쿠에
Dziękuję

홍부리황새

베리류

안녕히 가세요
도 비제냐
Do widzenia

버섯

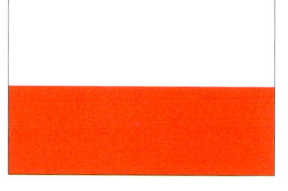

폴란드

폴란드공화국

Republic of Poland

수도: 바르샤바

작곡가 쇼팽, 라듐을 발견한 퀴리 부인 등 많은 위인을 낳은 나라이다. 비아워비에자 숲은 벨라루스와 맞닿은 국경에 걸쳐 있는 유럽 최대의 삼림 지대이다. 국토의 대부분이 평원이고, 농업으로 호밀과 베리류 재배가 왕성하다.

- 면적: 약 31만 3,000km^2
- 인구: 약 3,810만 명
- 주요 언어: 폴란드 어
- 주요 종교: 기독교(가톨릭교)
- 통화: 즐로티
- 시차: −8시간

인사말: 폴란드 어

FRANCE

에펠 탑 (세계 유산)

수도원 몽생미셸(세계 유산)

트뤼프(버섯의 한 종류) 수확

안녕하세요
봉쥬흐
Bonjour

고맙습니다
메흐씨
Merci

에투알 개선문

고속 철도 테제베(TGV)

안녕히 가세요
오 흐브아
Au revoir

에스카르고(달팽이) 요리

수도 파리에는 개선문이나 에펠 탑 등 아름답기로 이름난 장소가 많다. 에스카르고나 트뤼프 같은 귀한 식재료를 쓰는 프랑스 요리는 세계 3대 요리로 꼽힌다. 수도원 몽생미셸은 작은 섬에 지어서 마치 바다에 떠 있는 것처럼 보인다.

프랑스

프랑스공화국

French Republic

수도: 파리

- 면적: 약 54만 4,000km²
- 인구: 약 6,502만 명
- 주요 언어: 프랑스 어
- 주요 종교: 기독교(가톨릭교), 이슬람교 외
- 통화: 유로
- 시차: −8시간

인사말: 프랑스 어

FINLAND

말코손바닥사슴

안녕하세요
빠이바
Päivää

사우나

오로라

페테예베시 옛 교회(세계 유산)

고맙습니다
끼또스
Kiitos

안녕히 가세요
나께민
Näkemiin

고니

얼음낚시

핀란드

핀란드공화국

Republic of Finland

수도: 헬싱키

국토의 대부분이 삼림으로 덮여 있어서 임업과 제지업이 발달한 나라이다. 라플란드 지방에는 산타클로스가 사는 마을이 있고, 순록이나 말코손바닥사슴을 볼 수 있다. 사우나가 생겨난 나라로 긴 역사를 갖고 있고 일반 가정에도 사우나가 있다.

- ●면적: 약 33만 7,000km²
- ●인구: 약 554만 명
- ●주요 언어: 핀란드 어, 스웨덴 어
- ●주요 종교: 기독교(복음 루터파 외)
- ●통화: 유로
- ●시차: −7시간

96 인사말: 핀란드 어

HUNGARY

굴라쉬 수프 / 파프리카 / 세체니 온천

안녕하세요
요 너뽀트 끼바 녹
Jó napot kívánok

고맙습니다
쾨쇠뇜
Köszönöm

도나우 강 연안과 부다 성(세계 유산)

컬로처 자수

만갈리차돼지

헝가리회색소

안녕히 가세요
비손트랏따쉬러
Viszontlátásra

도나우 강을 사이에 두고 펼쳐지는 수도 부다페스트의 아름다운 중세 거리와 옛 성이 세계 유산에 등록되어 있다. 또한 온천도 명소 가운데 하나이다. 농업으로 이 나라의 요리에 없어서는 안 될 파프리카 재배가 활발하다. 다채로운 색깔의 컬로처 자수는 전통 공예품으로 유명하다.

헝가리

헝가리

Hungary

수도: 부다페스트

- 면적: 약 9만 3,000km²
- 인구: 약 969만 명
- 주요 언어: 헝가리 어(마자르 어)
- 주요 종교: 기독교(가톨릭교, 개신교)
- 통화: 포린트
- 시차: −8시간

인사말: 헝가리 어

남북 아메리카
SOUTH & NORTH AMERICA

GUYANA

홍금강앵무

고맙습니다
땡큐
Thank you

카이에테우르 폭포

조지타운 등대

수련(국화)

안녕하세요
헬로
Hello

안녕히 가세요
굿바이
Goodbye

부채머리수리

사탕수수

남북 아메리카

열대 우림으로 덮여 있는 비가 많은 나라이다. 기아나 고지에서 쏟아져 내리는 카이에테우르 폭포는 낙차가 226m로, 캐나다와 미국 국경 사이에 있는 나이아가라 폭포의 4배 높이이다. 쌀과 사탕수수 재배 등 농업이 발달했다.

가이아나

가이아나공화국

Republic of Guyana

수도: 조지타운

- 면적: 약 21만 5,000km²
- 인구: 약 78만 명
- 주요 언어: 영어, 크레올 어
- 주요 종교: 기독교, 힌두교, 이슬람교
- 통화: 가이아나 달러
- 시차: −13시간

인사말: 영어

GUATEMALA

안녕하세요
부에나스 따르데스
Buenas tardes

고맙습니다
그라씨아스
Gracias

안녕히 가세요
아디오스
Adiós

케찰

마야 문명 유적지 티칼(세계 유산)의 신전

모든 죽은 자들을 위해 기도를 드리는 '죽은 자의 날'에 큰 연을 날린다.

민족의상 우이필

바나나

커피 농장

마야 문명의 중심지로 유적이 많이 남아 있다. 우이필 같은 민족의상은 아름다운 색깔 때문에 '과테말라 레인보우'라고 하며 매우 인기가 있다. 국기에 그려져 있는 케찰은 세상에서 가장 아름답다고 하는 새이다.

과테말라

과테말라공화국

Republic of Guatemala

수도: 과테말라시티

- 면적: 약 10만 9,000km^2
- 인구: 약 1,725만 명
- 주요 언어: 스페인 어
- 주요 종교: 기독교(가톨릭교, 개신교)
- 통화: 케찰
- 시차: −15시간

인사말: 스페인 어

GRENADA

안녕하세요
헬로
Hello

모나원숭이

바나나

아르마딜로

남북 아메리카

고맙습니다
땡큐
Thank you

육두구 껍질 벗기기

안녕히 가세요
굿바이
Goodbye

향신료(육두구, 계피, 정향 등) 농장

그레나다

그레나다
Grenada
수도: 세인트조지스

향신료 생산이 왕성하고, 국기 왼쪽에 그려져 있는 육두구 생산량은 세계 최고 수준이다. 아르마딜로나 모나원숭이 같은 야생 동물이 많이 살고 있고, 바다에서는 고래나 돌고래도 볼 수 있다. 수도가 있는 그레나다 섬과 그 주위의 작은 섬들로 이루어진 나라이다.

- 면적: 약 345km²
- 인구: 약 11만 명
- 주요 언어: 영어
- 주요 종교: 기독교(가톨릭교 등)
- 통화: 동카리브 달러
- 시차: −13시간

인사말: 영어 101

NICARAGUA

니카라과 호수의 황소상어

커피콩
바나나

풍자극 〈엘 구에구엔세〉

안녕하세요
부에나스 따르데스
Buenas tardes

고맙습니다
그라씨아스
Gracias

레온 대성당(세계 유산)

면화

사탕수수

안녕히 가세요
아디오스
Adiós

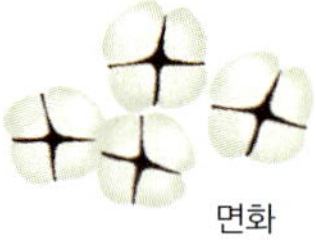

시인 루벤 다리오

니카라과

니카라과공화국

Republic of Nicaragua

수도: 마나과

화산이 우뚝 솟은 산맥이 국토 한가운데에 뻗어 있다. 남부에 있는 니카라과 호수에는 담수에서도 살 수 있는 황소상어가 산다. 비가 풍부한 기후 덕분에 농작물의 생산이 왕성하다. 루벤 다리오는 라틴 아메리카 문학을 대표하는 유명한 시인이다.

- 면적: 약 13만 km²
- 인구: 약 628만 명
- 주요 언어: 스페인 어
- 주요 종교: 기독교(가톨릭교) 외
- 통화: 코르도바
- 시차: −15시간

COMMONWEALTH OF DOMINICA

안녕하세요
헬로
Hello

황제아마존앵무

혹등고래

고맙습니다
땡큐
Thank you

카리브 족

바나나

코코넛

모르네 트루아 피통 국립 공원(세계 유산)

안녕히 가세요
굿바이
Goodbye

헤라클레스장수풍뎅이

남북 아메리카

세계 유산인 모르네 트루아 피통 국립 공원에는 장수풍뎅이 중 세계에서 가장 크다고 알려진 헤라클레스장수풍뎅이가 살고 있다. 이 나라에만 사는 황제아마존앵무는 국기에도 그려져 있는 국조이다. 농업으로 바나나와 코코넛 재배가 왕성하다.

도미니카

도미니카국
Commonwealth of Dominica
수도: 로조

- 면적: 약 750km²
- 인구: 약 7만 4,000명
- 주요 언어: 영어
- 주요 종교: 기독교(가톨릭교, 개신교) 외
- 통화: 동카리브 달러
- 시차: −13시간

인사말: 영어 103

DOMINICAN REPUBLIC

카카오
커피콩

안녕하세요
부에나스 따르데스
Buenas tardes

산타 마리아 라 메노르 대성당(세계 유산)

전통 음악 메렝게

고맙습니다
그라씨아스
Gracias

안녕히 가세요
아디오스
Adiós

도미니카공화국

도미니카공화국
Dominican Republic
수도: 산토도밍고

에스파뇰라 섬의 약 반을 차지하는 나라로, 카카오와 커피콩 등의 생산이 왕성하다. 19세기 중반에 탄생한 라틴 댄스 음악의 하나인 메렝게의 발상지이다. 호박(琥珀)이나 라리마 등 보석의 원료가 되는 원석들도 많이 산출된다.

- 면적: 약 4만 9,000km^2
- 인구: 약 1,088만 명
- 주요 언어: 스페인 어
- 주요 종교: 기독교(가톨릭교)
- 통화: 도미니카 페소
- 시차: −13시간

MEXICO

안녕하세요
부에나스 따르데스
Buenas tardes

흙집

마야 문명 유적 치첸이트사(세계 유산)

선인장

고맙습니다
그라씨아스
Gracias

타코

토르티야

라임

안녕히 가세요
아디오스
Adiós

볼라도레(성인식 축제)

남북 아메리카

세계 유산에 등록되어 있는 고대 유적이 많이 남아 있다. 옥수숫가루로 만든 토르티야에 고기나 채소, 매운 소스를 넣어 먹는 타코가 대표적인 멕시코 요리이다. 선인장이 많이 자라는데, 그중에는 먹을 수 있는 것도 있다고 한다.

멕시코

멕시코합중국

United Mexican States

수도: 멕시코시티

- 면적: 약 196만 4,000km²
- 인구: 약 1억 3,076만 명
- 주요 언어: 스페인 어
- 주요 종교: 기독교(가톨릭교)
- 통화: 멕시코 페소
- 시차: −14~−17시간(멕시코시티는 −15시간)

인사말: 스페인 어

AMERICA

미국 항공 우주국

카우보이

미식축구

그랜드 캐니언 국립 공원(세계 유산)

고맙습니다
땡큐
Thank you

안녕하세요
헬로
Hello

재즈

옥수수

자유의 여신상(세계 유산)

햄버거

안녕히 가세요
굿바이
Goodbye

하와이 댄스

그레이프프루트

미국

미합중국

United States of America

수도: 워싱턴 DC

다양한 인종과 민족의 사람들이 살고 있는 50개 주로 이루어진 큰 나라이다. 최대 도시인 뉴욕에는 유명한 자유의 여신상이 있다. 미식축구, 야구, 농구를 3대 스포츠라고 하며, 한국인, 일본인, 대만인 야구 선수도 많이 활약하고 있다.

- 면적: 약 983만 4,000km²
- 인구: 약 3억 2,677만 명
- 주요 언어: 영어, 스페인 어
- 주요 종교: 기독교, 유대교, 불교, 이슬람교
- 통화: 미국 달러
- 시차: −14~−19시간(워싱턴은 −14시간)

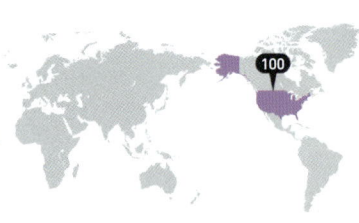

BARBADOS

안녕하세요
헬로
Hello

브리지타운 역사 지구
(세계 유산)

사탕수수

고맙습니다
땡큐
Thank you

웃는갈매기

사탕수수 압착에 사용된
모건 루이스 풍차

그레이프프루트

안녕히 가세요
굿바이
Goodbye

날치

섬 전체가 산호초로 이루어진 나라이다. 아세롤라 재배 등 농업이 발달했고, 그레이프프루트는 이 나라가 원산지인 과일이다. 수도 브리지타운은 영국 식민지 시대였던 17세기부터 19세기에 걸쳐 건설된 도시로, 당시에 지었던 옛 건축물이 많이 남아 있다.

바베이도스

바베이도스
Barbados
수도: 브리지타운

- 면적: 약 431km²
- 인구: 약 29만 명
- 주요 언어: 영어
- 주요 종교: 기독교(영국 국교회 외)
- 통화: 바베이도스 달러
- 시차: −13시간

인사말: 영어

BAHAMAS

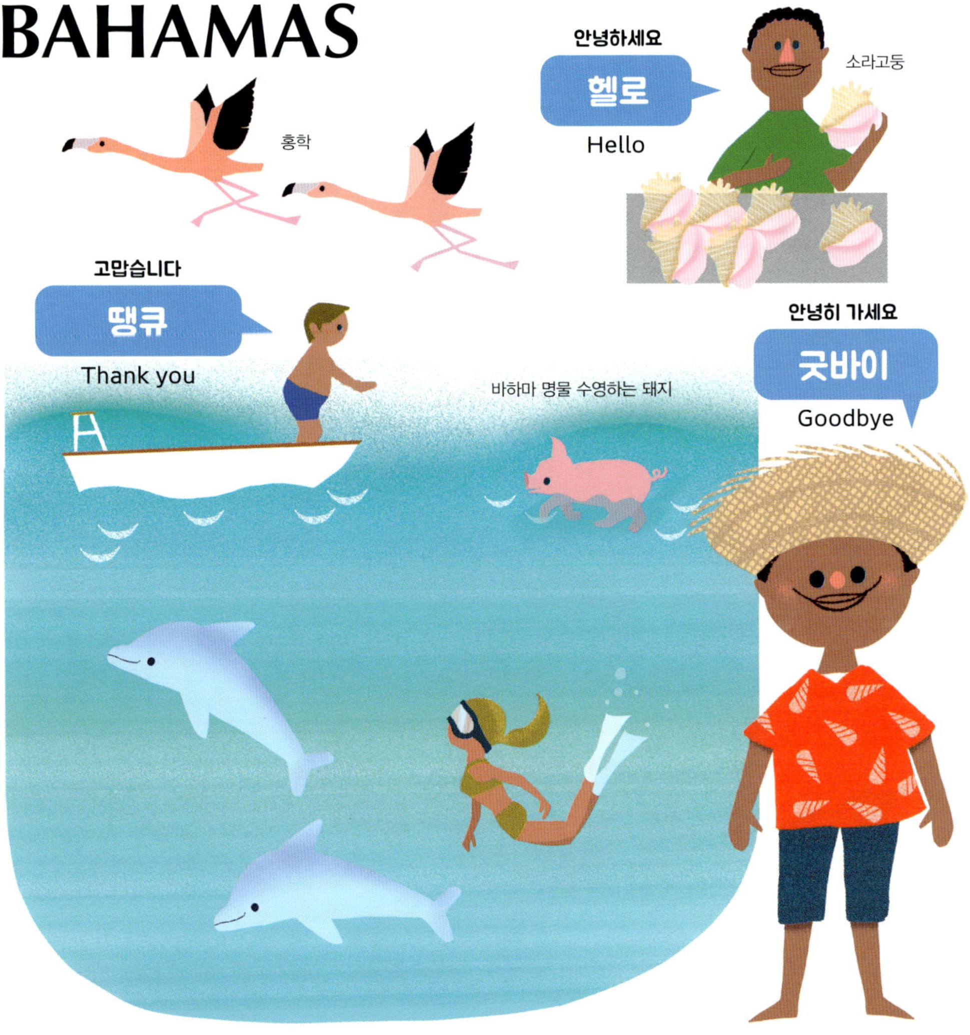

안녕하세요
헬로
Hello

소라고둥

홍학

고맙습니다
땡큐
Thank you

바하마 명물 수영하는 돼지

안녕히 가세요
굿바이
Goodbye

바하마
바하마국
Commonwealth of The Bahamas
수도: 나소

700여 개의 섬으로 이루어진 나라로, 그 가운데 사람이 살고 있는 섬은 30곳 정도이다. 관광이 주된 산업이며, 스쿠버 다이빙과 소라고둥 요리가 유명하다. 엑서마 제도에 속한 무인도 빅 메이저 케이에는 야생 돼지가 살고 있는데, 같이 수영도 할 수 있다고 한다.

- 면적: 약 1만 4,000km²
- 인구: 약 40만 명
- 주요 언어: 영어
- 주요 종교: 기독교(개신교 외)
- 통화: 바하마 달러
- 시차: −14시간

VENEZUELA

마라카이보 호수의 소리 없는 벼락

안녕하세요
부에나스 따르데스
Buenas tardes

맹그로브
붉은따오기
앙헬 폭포 (세계 유산)
테이블마운틴

고맙습니다
그라씨아스
Gracias

석유

안녕히 가세요
아디오스
Adiós

카카오

옥수숫가루로 만든 빵 '아레파'

기아나 고지에는 낙차가 세계에서 가장 큰 앙헬 폭포가 있다. 원주민 부락이 있는 마라카이보 호수 주변은 세계에서 벼락이 가장 많이 발생하는 지역이다. 연간 낙뢰가 발생한 일수는 260일, 시간당 번개 수는 3,600차례로 《기네스북》에도 등록되어 있다.

베네수엘라

베네수엘라볼리바르공화국

Bolivarian Republic of Venezuela

수도: 카라카스

- 면적: 약 91만 2,000km²
- 인구: 약 3,238만 명
- 주요 언어: 스페인 어
- 주요 종교: 기독교(가톨릭교)
- 통화: 볼리바르 푸에르테
- 시차: −13시간 30분

남북 아메리카

인사말: 스페인 어

BELIZE

안녕하세요
헬로
Hello

배리어 리프 보호구(세계 유산)의 그레이트 블루홀

매너티

오렌지와 그레이프프루트

고맙습니다
땡큐
Thank you

토코투칸(국조)

안녕히 가세요
굿바이
Goodbye

하바네로 칠리

마야 문명 유적 카라콜의 가나 신전

벨리즈

벨리즈

Belize

수도: 벨모판

배리어 리프 보호구에 있는 거대한 구멍 그레이트 블루홀은 지름이 318m, 깊이가 125m나 되는 크기로, '바다 괴물의 침실'이라고 한다. 어업으로 닭새우잡이가 유명하고, 식용 향신료 가운데 가장 매운 고추라고 알려져 있는 하바네로 칠리도 많이 재배한다.

- 면적: 약 2만 3,000km²
- 인구: 약 38만 명
- 주요 언어: 영어, 스페인 어
- 주요 종교: 기독교(가톨릭교) 외
- 통화: 벨리즈 달러
- 시차: −15시간

BOLIVIA

안녕하세요
부에나스 따르데스
Buenas tardes

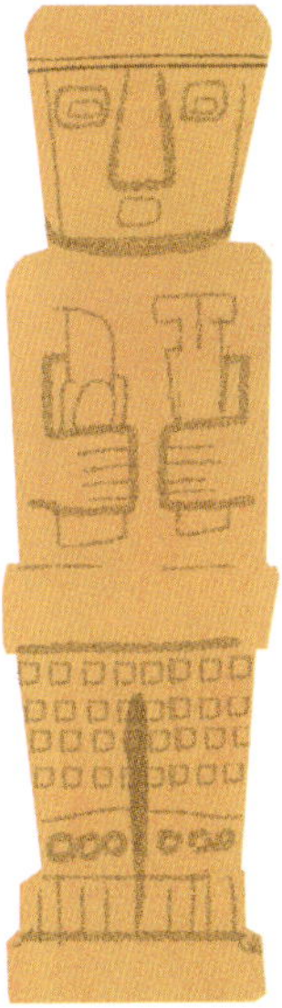

콘도르

볼리비아다람쥐원숭이

악기 차랑고

티와나쿠 유적(세계 유산)

우유니 소금 호수

고맙습니다
그라씨아스
Gracias

안녕히 가세요
아디오스
Adiós

티티카카 호수의 갈대배

토토라(갈대) 집

페루와의 국경에는 표고가 세계에서 가장 높은 티티카카 호수가 있다. 이 호수 위에는 갈대의 한 종류인 토토라로 만든 우로스 섬이 떠 있는데, 여기에 사는 우루 족은 집과 배를 모두 토토라로 만든다. 남부에는 수면이 소금으로 뒤덮인 우유니 소금 호수가 있다.

볼리비아

볼리비아다민족국

Plurinational State of Bolivia

수도: 수크레(라파스)*

- 면적: 약 109만 9,000km²
- 인구: 약 1,122만 명
- 주요 언어: 스페인 어, 케추아 어, 아이마라 어
- 주요 종교: 기독교(가톨릭교)
- 통화: 볼리비아노
- 시차: −13시간

※수도는 헌법상으로는 수크레이지만, 실질적으로는 라파스이다.

인사말: 스페인 어

BRAZIL

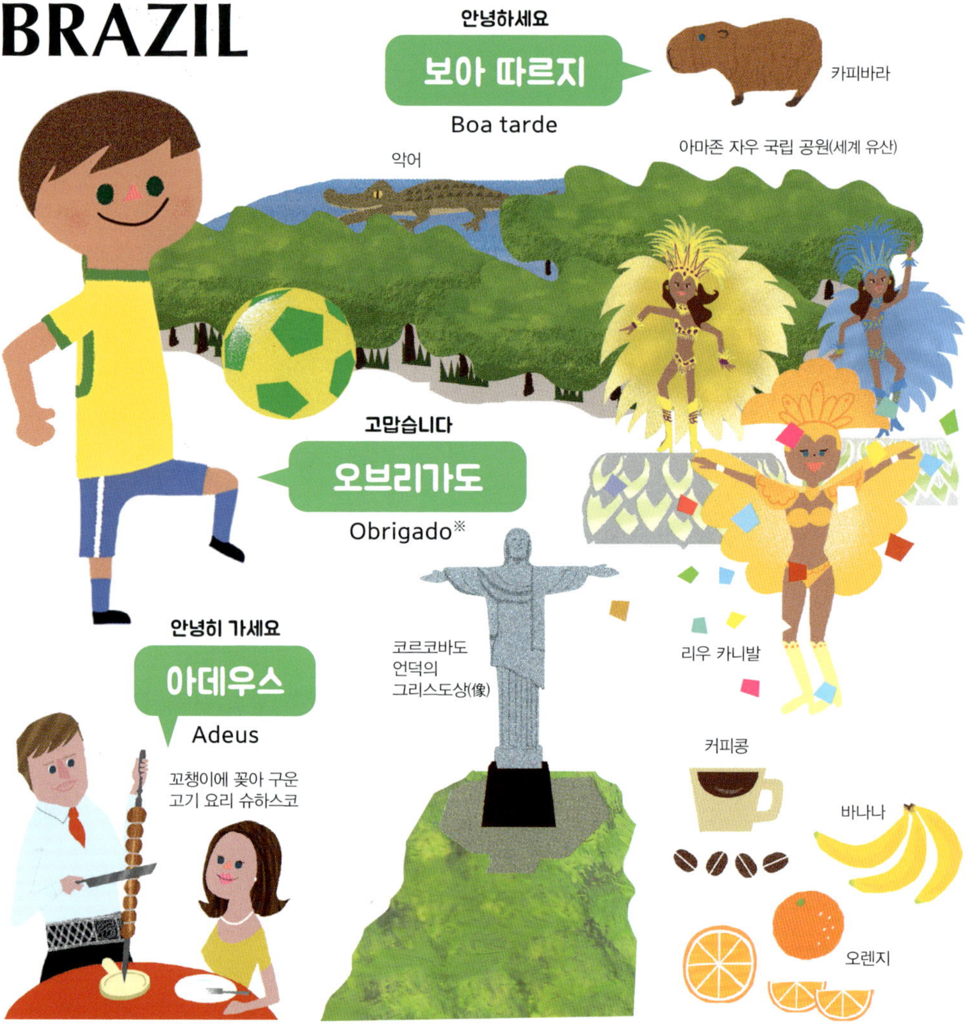

안녕하세요
보아 따르지
Boa tarde

카피바라

악어

아마존 자우 국립 공원(세계 유산)

고맙습니다
오브리가도
Obrigado※

리우 카니발

안녕히 가세요
아데우스
Adeus

코르코바도 언덕의 그리스도상(像)

꼬챙이에 꽂아 구운 고기 요리 슈하스코

커피콩

바나나

오렌지

커피콩, 오렌지의 순 생산량이 세계 1위이다. 인기 있는 스포츠는 축구이며, 국가 대표 팀은 월드컵 축구 대회에서 여러 번 우승을 했다. 리우 데자네이루에서 열리는 축제 리우 카니발이 유명하다. 일본인이 이민을 많이 가는 나라이다.

브라질

브라질연방공화국

Federative Republic of Brazil

수도: 브라질리아

- 면적: 약 851만 6,000km^2
- 인구: 약 2억 1,087만 명
- 주요 언어: 포르투갈 어
- 주요 종교: 기독교(가톨릭교) 외
- 통화: 레알
- 시차: −11〜−14시간(브라질리아는 −12시간)

인사말: 포르투갈 어　　　　※고맙습니다.: 남자는 '오브리가도(Obrigado)', 여자는 '오브리가다(Obrigada)'라고 한다.

SAINT LUCIA

안녕하세요
헬로
Hello

세인트루시아앵무

바나나

카카오

쌍둥이 화산인 큰 피통과 작은 피통
(세계 유산)

망고

코코넛

고맙습니다
땡큐
Thank you

안녕히 가세요
굿바이
Goodbye

남북 아메리카

피통 산은 높이 743m의 작은 피통 산과 높이 798m의 큰 피통 산으로 이루어져 있다. 이 2개의 화산이 있는 피통스 관리 지역은 세계 유산으로 아름다운 경치를 볼 수 있다. 또한 쌍둥이 화산은 국기에도 표현되어 있다. 코코넛과 망고 재배가 왕성하다.

세인트루시아

세인트루시아

Saint Lucia

수도: 캐스트리스

- 면적: 약 616km²
- 인구: 약 18만 명
- 주요 언어: 영어
- 주요 종교: 기독교(가톨릭교 등) 외
- 통화: 동카리브 달러
- 시차: −13시간

107

인사말: 영어 113

SAINT VINCENT AND THE GRENADINES

안녕하세요
헬로
Hello

고래

고맙습니다
땡큐
Thank you

빵나무
코코넛
바나나

안녕히 가세요
굿바이
Goodbye

소앤틸리스 제도에 속한 나라 가운데 하나이다. 수도가 있는 세인트빈센트 섬과 산호초를 이루며 남쪽으로 이어진 그레나딘 제도로 이루어져 있다. 이 나라의 면적은 대한민국의 거제도보다 조금 큰 정도이다. 바나나와 코코넛 등을 많이 재배한다.

세인트빈센트그레나딘제도

세인트빈센트그레나딘제도
Saint Vincent and the Grenadines
수도: 킹스타운

- 면적: 약 389km²
- 인구: 약 11만 명
- 주요 언어: 영어
- 주요 종교: 기독교(영국 국교회) 외
- 통화: 동카리브 달러
- 시차: −13시간

114 인사말: 영어

SAINT CHRISTOPHER AND NEVIS

안녕하세요 **헬로** Hello

망고

사탕수수

브림스톤 힐 요새 국립 공원(세계 유산)

네비스 산

고맙습니다 **땡큐** Thank you

면화

세인트 조지 영국 교회

갈색사다새

안녕히 가세요 **굿바이** Goodbye

세인트크리스토퍼 섬과 네비스 섬으로 이루어진 나라이다. 세계 유산인 브림스톤 힐 요새는 다른 나라로부터 사탕수수 생산지였던 섬을 지키기 위해 만든 것으로, 카리브 해의 요새 중 가장 크다. 바나나, 망고 등을 재배한다.

세인트크리스토퍼네비스

세인트크리스토퍼네비스
Saint Christopher and Nevis
수도: 바스테르

- 면적: 약 261km^2
- 인구: 약 5만 5,000명
- 주요 언어: 영어
- 주요 종교: 기독교(영국 국교회) 외
- 통화: 동카리브 달러
- 시차: −13시간

인사말: 영어

SURINAME

파라마리보의 역사 거리(세계 유산)

안녕하세요
후더미다흐
Goedemiddag

피탕가(수리남 체리)

홍금강앵무

중앙 수리남 자연 보호 구역(세계 유산)의 동물들

고맙습니다
당 큐
Dank u

흰얼굴사키

새우잡이

커먼다람쥐원숭이

안녕히 가세요
톳 진스
Tot ziens

중앙 수리남 자연 보호 구역에는 홍금강앵무 등의 조류와 커먼다람쥐원숭이 등의 포유류를 비롯해 6,000종 넘는 식물이 서식하고 있다. 사탕수수와 바나나, 수리남 체리 등의 농작물을 재배한다. 어업으로는 새우가 많이 잡히며 여러 나라에 수출하고 있다.

수리남

수리남공화국

Republic of Suriname

수도: 파라마리보

- 면적: 약 16만 4,000km^2
- 인구: 약 57만 명
- 주요 언어: 네덜란드 어, 영어, 수리남 어
- 주요 종교: 기독교, 힌두교, 이슬람교
- 통화: 수리남 달러
- 시차: −12시간

인사말: 네덜란드 어

ARGENTINA

안녕하세요
부에나스 따르데스
Buenas tardes

이구아수 폭포(세계 유산)

알파카
가우초
마젤란펭귄
아르헨티나 탱고

고맙습니다
그라씨아스
Gracias

안녕히 가세요
아디오스
Adiós

빠릴야다(불에 구운 고기)
마테 차

이 나라와 브라질의 국경에 걸쳐 있는 세계 최대의 이구아수 폭포는 세계 유산에 등록되어 있는 인기 있는 관광지이다. 목축이 번창한 나라이며, 가우초라고 하는 카우보이들이 대평원에서 소와 말을 키운다. 19세기에 생겨난 음악과 아르헨티나 탱고가 유명하다.

아르헨티나

아르헨티나공화국
Argentine Republic
수도: 부에노스아이레스

- 면적: 약 278만 km²
- 인구: 약 4,469만 명
- 주요 언어: 스페인 어
- 주요 종교: 기독교(주로 가톨릭교) 외
- 통화: 페소
- 시차: −12시간

인사말: 스페인 어

HAITI

사탕수수

악기 바크신

고맙습니다
메흐씨
Merci

안녕하세요
봉쥬흐
Bonjour

안녕히 가세요
오 흐브아
Au revoir

요새 시타델의 상수시 성(세계 유산)

365문의 포대

아이티

아이티공화국

Republic of Haiti

수도: 포르토프랭스

동서로 산맥이 솟아 있어 작은 평지에서 커피콩이나 사탕수수 등을 재배한다. 흑인의 나라로는 처음으로 19세기 초에 독립한 나라이다. 상수시 성은 자유와 독립의 상징이다. 성 뒤쪽 산꼭대기에 365문의 포대를 갖추고 있는 요새 시타델은 세계 유산으로 등록되어 있다.

- 면적: 약 2만 8,000km²
- 인구: 약 1,111만 명
- 주요 언어: 프랑스 어, 크레올 어
- 주요 종교: 기독교, 부두교
- 통화: 구르드
- 시차: −14시간

인사말: 프랑스 어

ANTIGUA AND BARBUDA

안녕하세요
헬로
Hello

크리켓

고맙습니다
땡큐
Thank you

다마사슴

랍스터

파인애플

안녕히 가세요
굿바이
Goodbye

세인트존스 거리

인기 있는 휴양지로, 아름다운 해안이 많이 있다. 주로 앤티가 섬과 바부다 섬 2개로 이루어져 있어서 나라 이름도 두 섬의 이름으로 되어 있다. 사탕수수나 파인애플, 면화를 많이 재배하며, 어업으로 랍스터를 잡는다.

앤티가바부다

앤티가바부다
Antigua and Barbuda
수도: 세인트존스

- 면적: 약 442km²
- 인구: 약 10만 명
- 주요 언어: 영어
- 주요 종교: 기독교(영국 국교회) 외
- 통화: 동카리브 달러
- 시차: −13시간

남북 아메리카

인사말: 영어

ECUADOR

이구아나

안녕하세요
부에나스 따르데스
Buenas tardes

갈라파고스푸른발부비새

고맙습니다
그라씨아스
Gracias

갈라파고스 제도(세계 유산)의 동물들

갈라파고스펭귄

적도 기념비

안녕히 가세요
아디오스
Adiós

카카오

커피콩

바나나

에콰도르
에콰도르공화국
Republic of Ecuador
수도: 키토

적도가 국토를 가로지르는 나라로, 나라 이름 에콰도르 역시 스페인 어로 '적도'라는 뜻이다. 태평양 해역에 있는 갈라파고스 제도에는 갈라파고스펭귄 등 희귀한 동물이 많이 살고 있다. 세계에서 이름난 바나나 산지인 만큼 다양한 바나나 요리가 있다.

- 면적: 약 25만 7,000km²
- 인구: 약 1,686만 명
- 주요 언어: 스페인 어
- 주요 종교: 기독교(가톨릭교) 외
- 통화: 미국 달러
- 시차: -14~-15시간

EL SALVADOR

이살코 화산

산미겔 화산

호야 데 세렌 고대 유적(세계 유산)

유적에서 나온 출토품

안녕하세요
부에나스 따르데스
Buenas tardes

푸푸사

고맙습니다
그라씨아스
Gracias

안녕히 가세요
아디오스
Adiós

커피 농장

엘살바도르

엘살바도르공화국

Republic of El Salvador

수도: 산살바도르

- 면적: 약 2만 1,000km²
- 인구: 약 641만 명
- 주요 언어: 스페인 어
- 주요 종교: 기독교(가톨릭교, 개신교)
- 통화: 미국 달러
- 시차: -15시간

화산이 20개 이상 있어서 '화산의 나라'라고 한다. 북아메리카 대륙 남부에 있는 나라이다. 이 때문에 지진도 자주 일어난다. 옥수숫가루나 쌀가루로 만든 토르티야 속에 치즈, 콩, 채소 등을 넣은 푸푸사라는 요리가 유명하다.

인사말: 스페인 어

HONDURAS

마야 문명 유적 코판
(세계 유산)

스칼렛금강앵무
(국조)

아메리카매너티
(포유류의 한 종류)

안녕하세요
부에나스 따르데스
Buenas tardes

고맙습니다
그라씨아스
Gracias

타코와 아보카도 요리

안녕히 가세요
아디오스
Adiós

바나나

커피콩

야생 동물이 서식하는 자연 보호 구역이 있어서 스칼렛금강앵무나 큰개미핥기, 멸종 위기의 아메리카매너티 등 많은 동물을 볼 수 있다. 과테말라와의 국경 근처에는 세계 유산인 코판 유적이 있다. 바나나와 커피콩의 재배 등 농업도 발달했다.

온두라스
온두라스공화국
Republic of Honduras
수도: 테구시갈파

- 면적: 약 11만 2,000km²
- 인구: 약 942만 명
- 주요 언어: 스페인 어
- 주요 종교: 기독교(가톨릭교)
- 통화: 렘피라
- 시차: −15시간

인사말: 스페인 어

URUGUAY

안녕하세요
부에나스 따르데스
Buenas tardes

콜로니아 델 사크라멘토 역사 거리(세계 유산)

팜파스(초원)

마테 차

고맙습니다
그라씨아스
Gracias

와인과 구운 고기

가우초

안녕히 가세요
아디오스
Adiós

남북 아메리카

우루과이
우루과이동방공화국
Oriental Republic of Uruguay
수도: 몬테비데오

국토 대부분에 팜파스라고 하는 대초원이 펼쳐져 있어 말과 소의 방목이 활발하게 이루어지고 있다. 남서부에는 세계 유산에 등록되어 있는 콜로니아 델 사크라멘토라고 하는 옛 거리가 있다. 전통 음료 마테 차를 즐겨 마신다.

- 면적: 약 17만 4,000km²
- 인구: 약 347만 명
- 주요 언어: 스페인 어
- 주요 종교: 기독교(가톨릭교) 외
- 통화: 우루과이 페소
- 시차: −12시간

인사말: 스페인 어

JAMAICA

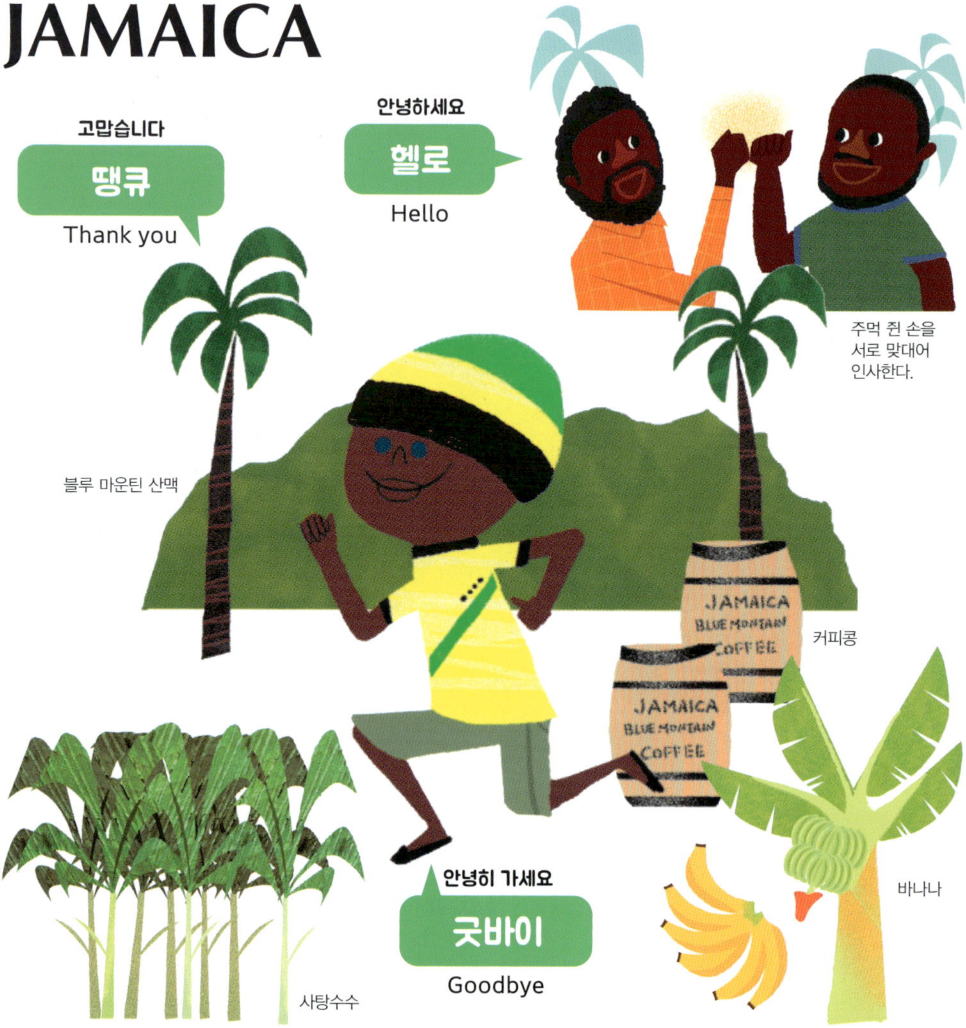

고맙습니다
땡큐
Thank you
안녕하세요
헬로
Hello
주먹 쥔 손을
서로 맞대어
인사한다.
블루 마운틴 산맥
JAMAICA
BLUE MONTAIN
COFFEE
커피콩
JAMAICA
BLUE MONTAIN
COFFEE
바나나
안녕히 가세요
굿바이
Goodbye
사탕수수

동부에 솟아 있는 블루 마운틴 산맥은 커피콩의 명산지이다. 육상 경기의 단거리 달리기에 매우 강하며, 남자 100m와 200m의 세계 기록을 보유한(2015년 10월 현재) 우사인 볼트가 이 나라 선수이다. 레게 음악의 발상지라고 불린다.

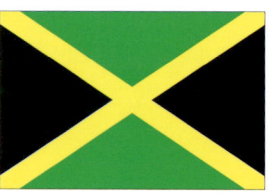

자메이카

자메이카

Jamaica

수도: 킹스턴

- 면적: 약 1만 1,000km²
- 인구: 약 290만 명
- 주요 언어: 영어
- 주요 종교: 기독교(개신교) 외
- 통화: 자메이카 달러
- 시차: –14시간

118

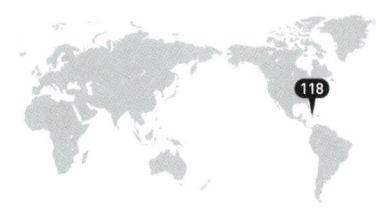

CHILE

콘도르

산 라파엘 빙하

안녕하세요
부에나스 따르데스
Buenas tardes

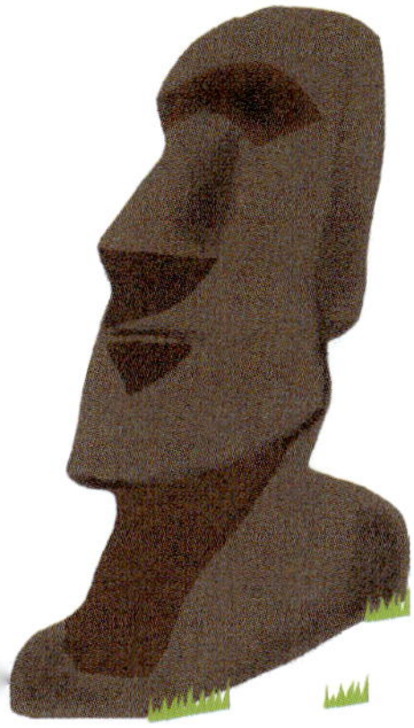

바다사자

마젤란펭귄

이스터 섬의 모아이상(세계 유산)

고맙습니다
그라씨아스
Gracias

로데오

안녕히 가세요
아디오스
Adiós

연어와 송어를 많이 진열해 놓은 생선 가게

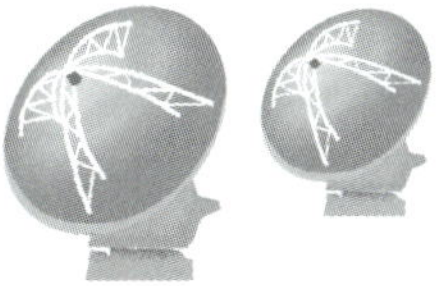

국립 천문대(일본) 칠레 관측소의 알마 망원경

와인

남북 아메리카

칠레

칠레공화국

Republic of Chile

수도: 산티아고

남북으로 약 4,270km나 되는 매우 길고 가늘게 뻗어 있는 나라이며, 면적은 대한민국의 7배가 넘는다. 태평양에 떠 있는 이스터 섬에는 모아이상이라고 하는 거대한 석상이 많이 남아 있다. 소나 말에 올라타 버티는 로데오라는 스포츠가 국기이다.

- 면적: 약 75만 6,000km²
- 인구: 약 1,820만 명
- 주요 언어: 스페인 어
- 주요 종교: 기독교(가톨릭교) 외
- 통화: 페소
- 시차: -13~-15시간

인사말: 스페인 어

CANADA

얼음집

카약

안녕하세요
헬로
Hello

고맙습니다
땡큐
Thank you

라크로스

토템 폴

캐나디안 로키 산맥
(세계 유산)

메이플 시럽

사향소

이동식 집 티피

말코손바닥사슴

모레인 호수(세계 유산)

안녕히 가세요
굿바이
Goodbye

회색곰

캐나다

캐나다

Canada

수도: 오타와

북아메리카 대륙의 절반 가까이에 이르는 큰 나라이다. 캐나디안 로키 산맥이 뻗어 있고, 웅대한 자연이 펼쳐져 있다. 메이플 시럽은 사탕단풍에서 얻으며, 그 잎은 이 나라의 상징으로 국기에도 들어간다. 아이스하키와 라크로스가 인기 스포츠이다.

- 면적: 약 998만 5,000km²
- 인구: 약 3,695만 명
- 주요 언어: 영어, 프랑스 어
- 주요 종교: 기독교(가톨릭교, 개신교) 외
- 통화: 캐나다 달러
- 시차: −12시간 30분~−17시간(오타와는 −14시간)

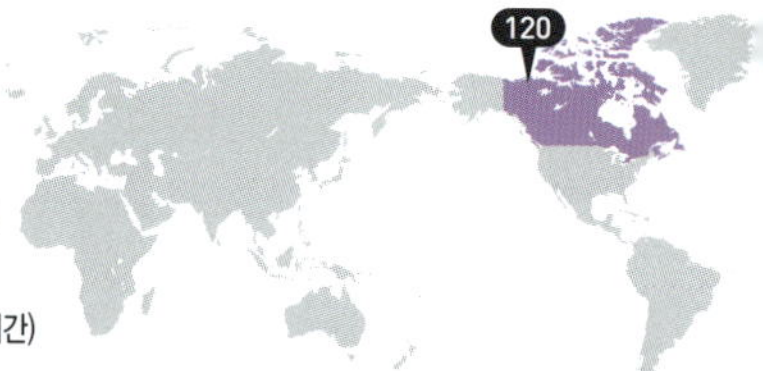

COSTA RICA

안녕하세요
부에나스 따르데스
Buenas tardes

나무늘보

코코 섬 국립 공원(세계 유산)

섬 주변 바다에서 해머헤드 상어(귀상어)와 돌고래 등의 무리를 관찰할 수 있다.

삼색큰부리새

고맙습니다
그라씨아스
Gracias

케찰

구아나카스트 보전 지역(세계 유산)

남북 아메리카

바나나

안녕히 가세요
아디오스
Adiós

빨간눈청개구리

환경 보호에 적극적으로 임하는 나라로서 국토의 4분의 1이 국립 공원이나 생물 보호 구역으로 지정되어 있다. 풍부한 자연 속에서 나무늘보와 악어가 보호받고 있다. 또한 데즈카 오사무의 만화 《불새》의 모티프가 되었다고 하는 아름다운 새 케찰도 살고 있다.

코스타리카

코스타리카공화국

Republic of Costa Rica

수도: 산호세

- 면적: 약 5만 1,000km²
- 인구: 약 495만 명
- 주요 언어: 스페인 어
- 주요 종교: 기독교(가톨릭교)
- 통화: 콜론
- 시차: −15시간

인사말: 스페인 어

COLOMBIA

콘도르(국조)

안녕하세요
부에나스 따르데스
Buenas tardes

커피 산지의
문화 경관(세계 유산)

산 아구스틴 유적의 석상(세계 유산)

에메랄드

고맙습니다
그라씨아스
Gracias

카네이션

다리 위에 세워진
라스 라하스 교회

안녕히 가세요
아디오스
Adiós

커피 생산으로 유명한 나라이다. 산비탈에서 이루어지는 커피 재배 등, 힘든 환경에 맞춘 농사법과 아름다운 경관 등을 인정받아 2011년 세계 유산에 등록되었다. 지하자원이 풍부하고, 특히 에메랄드는 세계 산출량의 절반 이상이 이 나라에서 나온다.

콜롬비아

콜롬비아공화국

Republic of Colombia

수도: 보고타

- 면적: 약 114만 2,000km²
- 인구: 약 4,946만 명
- 주요 언어: 스페인 어
- 주요 종교: 기독교(주로 가톨릭교)
- 통화: 콜롬비아 페소
- 시차: −14시간

인사말: 스페인 어

CUBA

고맙습니다
그라씨아스
Gracias

안녕하세요
부에나스 따르데스
Buenas tardes

살사 음악과 살사 댄스

야구

안녕히 가세요
아디오스
Adiós

아바나 구시가지(세계 유산)

삼륜 택시

클래식 자동차

남북 아메리카

쿠바

쿠바공화국

Republic of Cuba

수도: 아바나

가장 큰 쿠바 섬과 그 주변의 여러 섬들로 이루어진 나라로, 국토의 면적은 대한민국과 비슷하다. 사탕수수를 많이 재배하고 있고, 세계에서 이름난 설탕 생산국이기도 하다. 스포츠와 음악이 발달했으며, 야구는 세계 강국 중 하나이다.

- 면적: 약 11만 km^2
- 인구: 약 1,149만 명
- 주요 언어: 스페인 어
- 주요 종교: 기독교(가톨릭교) 외
- 통화: 쿠바 페소
- 시차: −14시간

인사말: 스페인 어

TRINIDAD AND TOBAGO

벌새

안녕하세요
헬로
Hello

림보 춤

트리니다드 카니발

고맙습니다
땡큐
Thank you

스틸 드럼

카카오

석유

안녕히 가세요
굿바이
Goodbye

트리니다드토바고

트리니다드토바고공화국

Republic of Trinidad and Tobago

수도: 포트오브스페인

트리니다드 섬과 토바고 섬으로 이루어진 나라이다. 드럼통을 우묵하게 만들어 음계를 붙인 타악기 스틸 드럼의 발상지이다. 리오, 베네치아와 나란히 세계 3대 축제로 불리는 트리니다드 카니발이 유명하다. 이 해역에서는 드물게 석유가 나온다.

- 면적: 약 5,127km^2
- 인구: 약 137만 명
- 주요 언어: 영어, 힌디어
- 주요 종교: 기독교, 힌두교, 이슬람교
- 통화: 트리니다드토바고 달러
- 시차: −13시간

PANAMA

안녕하세요
부에나스 따르데스
Buenas tardes

바나나

부채머리수리(국조)

태평양과 카리브 해를 잇는
파나마 운하

고맙습니다
그라씨아스
Gracias

파나마 비에호 고대 유적의
대성당 유적(세계 유산)

안녕히 가세요
아디오스
Adiós

민족의상 포제라

남북 아메리카의 경계에 있는 나라로, 태평양과 카리브 해를 잇는 파나마 운하가 있다. 파나마 운하를 이용한 무역이 이 나라의 경제를 떠받치고 있다. 국기의 십자는 동서 2개의 바다와 남북 아메리카를 나타낸 것이다. 바나나 등의 농업도 왕성하게 이루어지고 있다.

파나마

파나마공화국

Republic of Panama

수도: 파나마시티

- 면적: 약 7만 5,000km²
- 인구: 약 416만 명
- 주요 언어: 스페인 어
- 주요 종교: 기독교(가톨릭교, 개신교)
- 통화: 발보아
- 시차: −14시간

남북 아메리카

인사말: 스페인 어

PARAGUAY

안녕하세요
부에나스 따르데스
Buenas tardes

이타이푸 댐

라 산티시마 트리니다드 데 파라나 유적(세계 유산)

고맙습니다
그라씨아스
Gracias

마테 차

악기 아르파

난두티 레이스

가우초

안녕히 가세요
아디오스
Adiós

포투쑥독새

이 나라 서부에는 그란차코라고 하는 대평원이 펼쳐져 있어 가우초들이 소나 양을 이동시키면서 사육한다. 냔두티라고 불리는 아름다운 레이스 자수가 유명하다. 브라질과의 국경에 위치하고 있는 이타이푸 댐은 세계 2위의 수력 발전량을 자랑한다.

파라과이

파라과이공화국

Republic of Paraguay

수도: 아순시온

- 면적: 약 40만 7,000km²
- 인구: 약 690만 명
- 주요 언어: 스페인 어, 과라니 어
- 주요 종교: 기독교(가톨릭교) 외
- 통화: 과라니
- 시차: −13시간

PERU

티티카카 호수의 갈대배
토토라(갈대) 집

안녕하세요
부에나스 따르데스
Buenas tardes

고맙습니다
그라씨아스
Gracias

알파카
악기 케나
콘도르
나스카 지상화(세계 유산)
민족의상 폰초
마추픽추(세계 유산)

안녕히 가세요
아디오스
Adiós

페루
페루공화국
Republic of Peru
수도: 리마

사막에 남아 있는 거대한 나스카 지상화와 잉카 제국의 유적 마추픽추, 쿠스코 구시가지 등 볼거리가 많은 나라이다. 지하자원이 풍부하고, 특히 은이 많이 생산되어 이를 수출한다. 민족 음악에 빠뜨릴 수 없는 케나는 맑은 음색이 독특한 악기이다.

- 면적: 약 128만 5,000km²
- 인구: 약 3,255만 명
- 주요 언어: 스페인 어, 케추아 어, 아이마라 어
- 주요 종교: 기독교(주로 가톨릭교) 외
- 통화: 솔
- 시차: −14시간

인사말: 스페인 어

오세아니아
OCEANIA

NAURU

안녕하세요
헬로
Hello

군함조

투망잡이

고맙습니다
땡큐
Thank you

안녕히 가세요
굿바이
Goodbye

짧은꼬리알바트로스

인광석 채굴 유적

오세아니아

섬 전체 둘레가 19km인 작은 섬나라이다. 나라의 중심부는 인광석 대지이지만, 대부분 채굴이 끝나 현재는 폐광된 채로 흔적만 남아 있다. 남성이 즐기는 전통 오락으로 군함조를 산 채로 붙잡는 군함조 사냥이 행해지고 있다.

나우루
나우루공화국
Republic of Nauru
수도: 야렌

- 면적: 약 21km²
- 인구: 약 1만 1,000명
- 주요 언어: 영어, 나우루 어
- 주요 종교: 기독교
- 통화: 오스트레일리아 달러
- 시차: +3시간

인사말: 영어

NEW ZEALAND

안녕하세요
헬로
Hello

빙하

고맙습니다
땡큐
Thank you

바위뛰기펭귄

마오리 족의 인사

양

안녕히 가세요
굿바이
Goodbye

키위(국조)

국토의 3분의 2 이상이 언덕이나 산으로 이루어져 있어 농업과 목축이 왕성하다. 그중에서도 양은 인구의 몇 배에 이르는 수를 사육한다. 럭비가 인기 스포츠로, 국가 팀이 국제 대회를 치르기 전에 추는 하카라고 하는 춤도 잘 알려져 있다. 국조인 키위는 날지 못하는 새로도 유명하다.

뉴질랜드

뉴질랜드

New Zealand

수도: 웰링턴

- 면적: 약 26만 8,000km²
- 인구: 약 475만 명
- 주요 언어: 영어, 마오리 어
- 주요 종교: 기독교(가톨릭교, 영국 국교회 등)
- 통화: 뉴질랜드 달러
- 시차: +3시간

인사말: 영어

NIUE

안녕하세요
파카아로파 아
Fakaalofa atu

야자집게

고맙습니다
파카아우
Fakaaue

산호초로 이루어진 섬

안녕히 가세요
코에 키아
Koe kia

오세아니아

니우에
니우에
Niue
수도: 알로피

뉴질랜드 자치령이지만, 일본과 네덜란드, 중국이 국가로서 승인한 나라이다. 대한민국과는 공식적인 외교 관계를 맺지 않았다. 산호초가 솟아올라 만들어진 섬 가운데 세계에서 가장 크다. 험준한 석회암 절벽이 섬 전체를 에워싸고 있다. 바다의 투명도가 높아 때로는 70m 깊이까지도 보인다.

- 면적: 약 260km²
- 인구: 약 1,600명
- 주요 언어: 니우에 어, 영어
- 주요 종교: 기독교 외
- 통화: 뉴질랜드 달러
- 시차: −20시간

인사말: 니우에 어

MARSHALL ISLANDS

안녕하세요
야코에
Iakwe

고맙습니다
코몰 타타
Kommol tata

코코넛

야자나 판다누스, 조개껍데기 등으로 만든 뜨개 바구니

안녕히 가세요
발 로 요크
Bar lo yok

마셜제도

마셜제도공화국

Republic of the Marshall Islands

수도: 마주로

29개의 환초와 5개의 섬으로 이루어진 나라이다. 환초는 작은 산호초 섬이 고리 모양으로 줄지어 있는 것으로, 수도가 있는 마주로 환초도 64개의 섬이 모여서 형성되었다. 농업이나 관광업이 발달해 있으며, 판다누스나 야자의 섬유로 엮은 바구니가 공예품으로 유명하다.

- 면적: 약 181km^2
- 인구: 약 5만 3,000명
- 주요 언어: 마셜 어, 영어
- 주요 종교: 기독교(주로 개신교)
- 통화: 미국 달러
- 시차: +3시간

MICRONESIA

안녕하세요
헬로
Hello

야프 섬의 춤 출

고맙습니다
땡큐
Thank you

오세아니아

전통 집
집회소

안녕히 가세요
굿바이
Goodbye

야프 섬의 돌 돈

미크로네시아연방

미크로네시아연방

Federated States of Micronesia

수도: 팔리키르

4개 주로 이루어진 연방 국가로, 국기의 별은 이들 주를 나타낸다. 야프 섬에는 여러 가지 전통문화가 있는데, 출이라고 하는 춤이나 거대한 돌로 된 돈이 옛날부터 전해지고 있다. 돌 돈은 지금도 의식을 치를 때 사용한다. 이 나라 축 주에는 대한민국의 한·남태평양해양연구 센터가 있다.

- 면적: 약 702km^2
- 인구: 약 11만 명
- 주요 언어: 영어, 8개의 민족어(야프 어 등)
- 주요 종교: 기독교(개신교, 가톨릭교)
- 통화: 미국 달러
- 시차: +1시간~+2시간(팔리키르는 +2시간)

인사말: 영어

VANUATU

안녕하세요 아로 Alo

고맙습니다 탄큐 Tankyu

안녕히 가세요 타타 Tata

야수르 화산
성인 의식 나골
탐탐(나무를 파내서 만드는 악기)
카스타무 춤
타로고구마
코코넛
바나나

탄나 섬에 있는 야수르 화산은 세계에서 분화구에 가장 가까이 다가갈 수 있는 활화산으로 유명하다. 성인이 된 것을 축하하며 뛰어내리는 의식 나골은 번지 점프의 기원이라고 한다. 딱딱한 나무를 파내서 만드는 탐탐은 의식이나 축제 때 쓰는 전통 타악기이다.

바누아투

바누아투공화국

Republic of Vanuatu

수도: 포토비라

- 면적: 약 1만 2,000km²
- 인구: 약 28만 명
- 주요 언어: 비슬라마 어(혼합 영어), 영어, 프랑스 어
- 주요 종교: 기독교
- 통화: 바투
- 시차: +2시간

인사말: 비슬라마 어

SAMOA

코코넛

벽이 없는 집 파레

우무 요리

안녕하세요
탈로파 라바
Talofa lava

고맙습니다
파아페타이
Fa'afetai

안녕히 가세요
토파 소이파
Tofā soifua

오세아니아

싸움(럭비 시합) 전에 치르는 의식 시바타우

럭비가 인기 스포츠인데, 시합 전에 시바타우라고 하는 옛날부터 전해 오는 싸움의 춤을 춘다. 땅에 구덩이를 판 뒤 그 안에 식재료를 넣고 찌는 우무 요리는 폴리네시아에 전해지는 전통 조리법이다. 기둥과 지붕만으로 지어서 벽이 없는 파레라고 하는 전통 집이 많다.

사모아

사모아독립국

Independent State of Samoa

수도: 아피아

- 면적: 약 2,832km²
- 인구: 약 20만 명
- 주요 언어: 사모아 어, 영어
- 주요 종교: 기독교(가톨릭교, 감리교 등)
- 통화: 탈라
- 시차: +4시간

인사말: 사모아 어

SOLOMON ISLANDS

식물학자

오우기칠면조

동(東)렌넬(세계 유산)의 동물들

안녕하세요
헬로
Hello

비단나비

고맙습니다
땡큐
Thank you

안녕히 가세요
굿바이
Goodbye

지면과 떨어뜨려 지은 야자 잎 집

솔로몬제도

솔로몬제도

Solomon Islands

수도: 호니아라

크고 작은 1,000여 개의 섬으로 이루어진 나라이고, 남쪽 끝에 있는 렌넬 섬은 세계 최대 규모의 산호초 섬이다. 풍부한 자연 속에서 수많은 동식물이 살고 있다. 그중에서도 나비는 비단나비속을 비롯해 약 130종이나 산다. 습도가 높아서 고상(高床) 가옥 형태의 집이 많다.

- 면적: 약 2만 9,000km²
- 인구: 약 63만 명
- 주요 언어: 영어, 혼합 영어
- 주요 종교: 기독교
- 통화: 솔로몬 달러
- 시차: +2시간

142 인사말: 영어

AUSTRALIA

시드니 오페라 하우스(세계 유산)

그레이트배리어리프 (세계 유산)

안녕하세요 — 헬로 — Hello

고맙습니다 — 땡큐 — Thank you

라이프 세이빙

타조

안녕히 가세요 — 굿바이 — Goodbye

태즈메이니아데빌

애버리진 아트

캥거루

울루루 카타추타 국립 공원(세계 유산)의 에어즈 록

수박 축제

코알라

오세아니아

오스트레일리아

오스트레일리아연방
Commonwealth of Australia
수도: 캔버라

국토는 대한민국의 70배 이상 되는 크기로, 한 나라가 대륙 하나를 차지하고 있는 유일한 나라이다. 웅대한 자연이 펼쳐져 있고, 북동 해안에 자리한 그레이트배리어리프는 2,000km 이상 이어지는 세계 최대의 산호초이다. 거대한 통반석 에어즈 록은 원주민 애버리진의 성지이다.

- 면적: 약 769만 2,000km²
- 인구: 약 2,477만 명
- 주요 언어: 영어
- 주요 종교: 기독교(가톨릭교) 외
- 통화: 오스트레일리아 달러
- 시차: -1~+1시간(캔버라는 +1시간)

인사말: 영어

COOK ISLANDS

땅을 판 뒤 달군 돌을 넣고 바나나 잎에 식재료를 싸서 찌는 우무카이 요리

우쿨렐레

안녕하세요
키아 오라나
Kia Orana

고맙습니다
메이타키
Meitaki

안녕히 가세요
아에레 라
Aere ra

15개의 섬으로 이루어진 나라로, 약 1,000km의 바다를 사이에 두고 산호섬인 북쿡제도와 화산섬 중심의 남쿡제도로 섬들이 나뉘어 있다. 인구의 90% 가까이는 남쿡제도에서 살아간다. 국제 연합에는 가입되어 있지 않지만, 대한민국은 2013년에 이 나라와 수교를 맺고 교역을 하고 있다.

쿡제도

쿡제도
Cook Islands
수도: 아바루아

- 면적: 약 236km²
- 인구: 약 1만 7,000명
- 주요 언어: 쿡제도 마오리 어, 영어
- 주요 종교: 기독교(쿡제도 교회파 등)
- 통화: 뉴질랜드 달러
- 시차: −19시간

144 인사말: 쿡제도 마오리 어

KIRIBATI

안녕하세요
마우리
Mauri

군함조(국조)

바나나

고맙습니다
코 라브와
Ko rabwa

오세아니아

안녕히 가세요
티아 포
Tia bo

코코넛

크고 작은 33개 섬으로 이루어진 나라이다. 국토의 약 50%를 키리티마티 섬이 차지한다. 국조인 군함조와 카시오새 등을 비롯해 바닷새가 많이 산다. 코코넛 재배가 왕성하며, 코코넛 속살을 말린 코프라는 주요 수출품이다.

키리바시

키리바시공화국

Republic of Kiribati

수도: 타라와

- 면적: 약 810km^2
- 인구: 약 12만 명
- 주요 언어: 키리바시 어, 영어
- 주요 종교: 기독교(가톨릭교, 개신교)
- 통화: 오스트레일리아 달러
- 시차: +3시간~+5시간(타라와는 +3시간)

인사말: 키리바시 어

TONGA

교회

안녕하세요
마로 아 레레이
Malo e lelei

하아몽가 거석 유적

고맙습니다
말로 아우피트
Malo 'aupito

파오파오(카누)

타오바라
(허리띠)

안녕히 가세요
아루아
'Alua※

호박

빵나무 열매

타로고구마

통가

통가왕국

Kingdom of Tonga

수도: 누쿠알로파

날짜 변경선 바로 가까이에 있어서 세계에서 가장 일찍 해가 뜨는 나라이다. 태평양 제도에서 유일한 왕국이다. 문 같은 모양으로 돌을 짜 맞춘 하아몽가는 1200년쯤 만들어졌다고 하는 고대 유적이다. 타오바라는 정장을 입을 때 반드시 몸에 두르는 민족의상이다.

- 면적: 약 747km²
- 인구: 약 11만 명
- 주요 언어: 통가 어, 영어
- 주요 종교: 기독교
- 통화: 팡가
- 시차: +4시간

146 인사말: 통가 어   ※안녕히 가세요.: 배웅하는 사람은 '아루아.', 떠나는 사람은 '노포아(Nofoa).'라고 한다

TUVALU

푸라카이모 잎

야자나 판다누스 잎으로 엮은 깔개

안녕하세요
탈로파
Talofa

고맙습니다
파카페타이
Fakafetai

안녕히 가세요
토파
Tofaa

코코넛

오세아니아

투발루

투발루
Tuvalu

수도: 푸나푸티

폴리네시아 서쪽에 있는 9개 섬으로 이루어진 나라로, 가장 높은 곳도 해발 5m가 채 되지 않는다. 그 때문에 지구 온난화로 해수면이 높아지면 섬이 잠길 수도 있다. 전통 공예품은 판다누스 잎 등을 엮어서 짠 깔개로, 무늬가 복잡하면서도 아름답다.

- 면적: 약 26km^2
- 인구: 약 1만 1,000명
- 주요 언어: 투발루 어, 영어
- 주요 종교: 기독교(주로 개신교)
- 통화: 오스트레일리아 달러
- 시차: +3시간

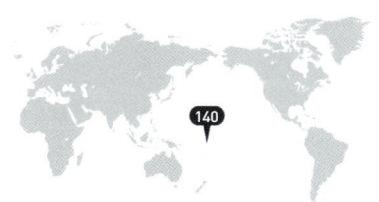

인사말: 투발루 어

PAPUA NEW GUINEA

라기아나극락조 (국조)

안녕하세요
아피눈
Apinun

고맙습니다
텐큐
Tenkyu

나무 위의 집

안녕히 가세요
굿바이
Gutbai

싱싱

국토의 대부분이 산이나 열대 우림으로 덮여 있어서 신기한 동식물의 보고를 이룬다. 조류만 700종이 넘게 살고 있다. 국기에 그려져 있는 것은 라기아나극락조이다. 아름다운 모습 때문에 극락조라고도 부른다. 많은 부족이 춤을 추는 싱싱 쇼는 관광객에게 인기가 많다.

파푸아뉴기니

파푸아뉴기니독립국

Independent State of Papua New Guinea

수도: 포트모르즈비

- 면적: 약 46만 3,000km²
- 인구: 약 842만 명
- 주요 언어: 톡 피신 어(혼합 어), 영어, 모투 어
- 주요 종교: 기독교, 전통 종교
- 통화: 키나
- 시차: +1시간

PALAU

록 아일랜드 남쪽의 석호군(세계 유산)

젤리피시 호수

안녕하세요
알리
Alii

고맙습니다
메 스랑
Me sulang

대모거북

대왕조개

전통 집 바이

참치

안녕히 가세요
메이쿵
Mechikung

오세아니아

386개 섬으로 이루어진 나라로, 사람이 살고 있는 섬은 그중 9개이다. 소금물 호수인 젤리피시 호수는 해파리가 많이 사는 것으로 유명한 관광지이다. 이곳의 해파리는 독성이 약해서 같이 수영하는 것도 가능하다. 어업도 왕성하고, 참치가 많이 잡힌다.

팔라우

팔라우공화국

Republic of Palau

수도: 멜레케오크

- 면적: 약 459km²
- 인구: 약 2만 1,000명
- 주요 언어: 팔라우 어, 영어
- 주요 종교: 기독교 외
- 통화: 미국 달러
- 시차: 0시간

인사말: 팔라우 어

FIJI

파파야

안녕하세요
부라
Bula

고맙습니다
비나카
Vinaka

전통 노래와 춤 메케

안녕히 가세요
사 모제
Sā moce

남태평양 섬들에서 마시는 음료 카바

예부터 남태평양 민족이나 문화가 교차하던 지역으로, '남태평양의 교차로'라고 하는 나라이다. 식물 뿌리로 만드는 카바는 여러 가지 의식을 치를 때 마시는 멜라네시아 전통 음료이다. 노래와 춤으로 구성된 전통 예능 메케가 유명하다.

피지

피지공화국

Republic of Fiji

수도: 수바

- 면적: 약 1만 8,000km²
- 인구: 약 91만 명
- 주요 언어: 피지 어, 영어, 힌디 어
- 주요 종교: 기독교, 힌두교, 이슬람교
- 통화: 피지 달러
- 시차: +3시간

◎국기 변경을 검토 중이다.

아프리카
AFRICA

GHANA

안녕하세요
헬로
Hello

오와리(게임)

오크라

카카오

진흙이나 야자 잎으로 지은 아샨티 주의 전통 부락(세계 유산)

금과 다이아몬드

고맙습니다
땡큐
Thank you

안녕히 가세요
굿바이
Goodbye

가나

가나공화국
Republic of Ghana

수도: 아크라

농업이 발달했으며, 초콜릿의 원료가 되는 카카오콩 생산지이다. 동부에 있는 볼타 호수는 세계 최대의 인공 호수이다. 나무를 파낸 부분에 유리구슬을 넣고 노는 오와리가 인기 있는 게임이다. 일본의 세균학자 노구치 히데요가 황열병 연구에 몰두한 나라로도 알려져 있다.

- 면적: 약 23만 9,000km^2
- 인구: 약 2,946만 명
- 주요 언어: 영어
- 주요 종교: 기독교, 이슬람교, 전통 종교
- 통화: 가나 세디
- 시차: −9시간

144

152 인사말: 영어

GABON

안녕하세요
봉쥬흐
Bonjour

아프리카코끼리

로페 오칸다 야생 동물 보호 구역
(세계 유산)

고맙습니다
메흐씨
Merci

서부로랜드고릴라

맨드릴

안녕히 가세요
오 흐브아
Au revoir

물소

대부분이 열대 우림으로 뒤덮여 있고, 서쪽은 기니 만에 접해 있다. 국토의 10%를 자연 보호 구역으로, 영해의 4분의 1을 해양 보호 구역으로 지정하여 풍부한 자연과 그곳에 사는 동물을 보호하는 일에 힘쓰고 있다. 노벨 평화상을 수상한 슈바이처 박사가 활동했던 곳이기도 하다.

가봉

가봉공화국

Gabonese Republic

수도: 리브르빌

- 면적: 약 26만 8,000km²
- 인구: 약 207만 명
- 주요 언어: 프랑스 어
- 주요 종교: 기독교, 이슬람교, 전통 종교
- 통화: CFA 프랑
- 시차: -8시간

인사말: 프랑스 어

GAMBIA

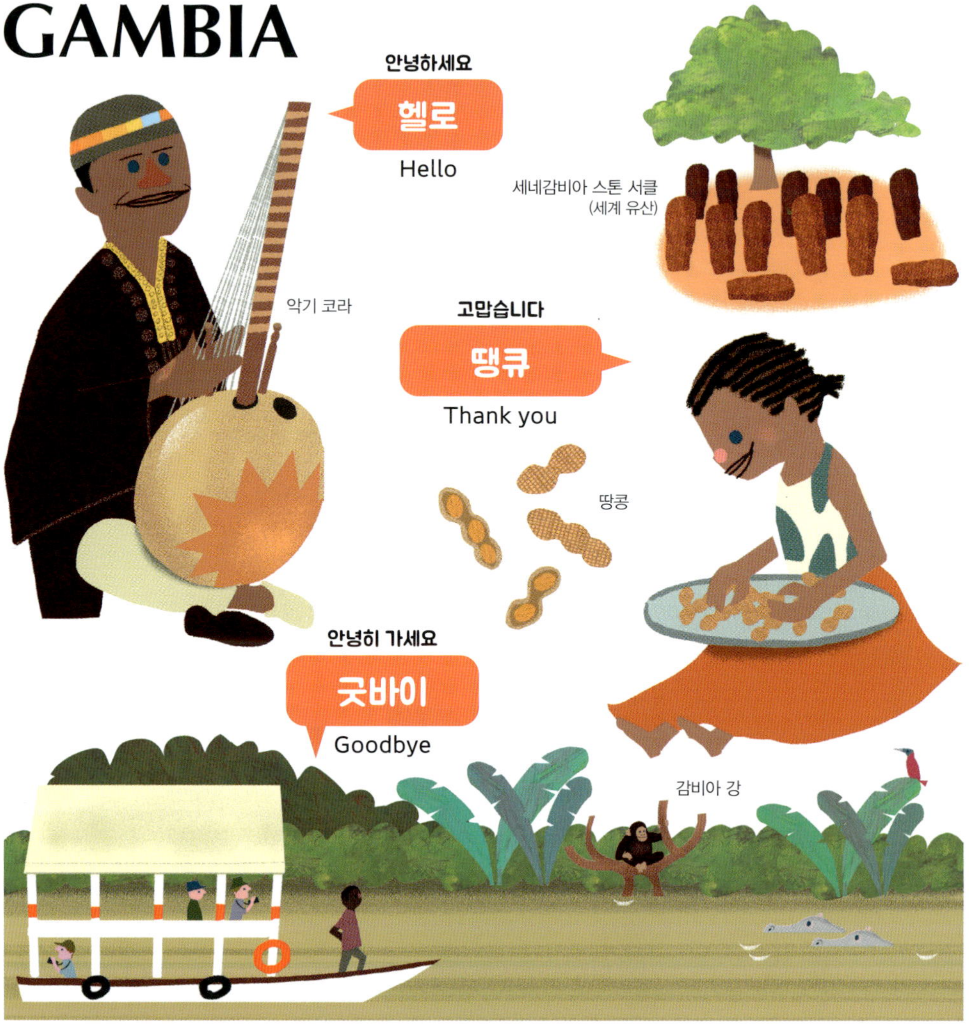

안녕하세요
헬로
Hello

세네감비아 스톤 서클
(세계 유산)

악기 코라

고맙습니다
땡큐
Thank you

땅콩

안녕히 가세요
굿바이
Goodbye

감비아 강

감비아

감비아공화국

Republic of The Gambia

수도: 반줄

아프리카 대륙의 서쪽 맨 끝에 있으며, 감비아 강을 따라 동서로 가늘고 길게 뻗어 있는 나라이다. 농업이 활발하고, 땅콩은 수출액의 약 20%를 차지한다. 세네갈과의 국경에 걸쳐 있는 지역에 1,000개가 넘는 환상 열석(스톤 서클)이 있는데, 이는 1,000여 년 전에 만들어진 무덤이다.

- 면적: 약 1만 1,000km²
- 인구: 약 216만 명
- 주요 언어: 영어, 만딩고 어, 풀라 어, 월로프 어
- 주요 송교: 이슬람교, 기독교, 전통 종교
- 통화: 달라시
- 시차: −9시간

GUINEA

안녕하세요
봉쥬흐
Bonjour

남바 산의 침팬지

고맙습니다
메흐씨
Merci

남바 산 자연 보호 구역(세계 유산)

악기 젬베

풍요와 번영을 상징하는
바카 족의 남바 마스크

안녕히 가세요
오 흐브아
Au revoir

호로새

쌀

아프리카

기니

기니공화국

Republic of Guinea

수도: 코나크리

기니, 코트디부아르, 라이베리아, 세 나라에 걸쳐 있는 남바 산의 자연 보호 구역에는 약 2,000종의 식물, 500종 이상의 동물이 살고 있다. 동물 가운데 약 200종은 이곳에서만 볼 수 있는 생물이다. 젬베는 서아프리카 일대에서 축제 등에 쓰이는 북이다.

- 면적: 약 24만 6,000km^2
- 인구: 약 1,305만 명
- 주요 언어: 프랑스 어, 수수 어, 말링케 어
- 주요 종교: 이슬람교, 기독교, 전통 종교
- 통화: 기니 프랑
- 시차: −9시간

인사말: 프랑스 어

GUINEA-BISSAU

아프리카매너티
(포유류의 한 종류)

안녕하세요
보아 따르지
Boa tarde

고맙습니다
오브리가다
Obrigada※

비자고스 제도 섬사람들의 춤

안녕히 가세요
아데우스
Adeus

캐슈너트   땅콩   쌀

기니비사우
기니비사우공화국
Republic of Guinea-Bissau
수도: 비사우

대서양 연안은 해발 0m에 가까워서 세계에서 국토가 가장 낮은 나라 가운데 하나이다. 국토의 대부분이 습지대로 덮여 있다. 농업으로는 땅콩 등의 재배가 왕성하다. 이 나라의 강에는 아프리카매너티가 살고 있는데, 이 동물은 대한민국의 수족관에서도 볼 수 있다.

- 면적: 약 3만 6,000km²
- 인구: 약 191만 명
- 주요 언어: 포르투갈 어
- 주요 종교: 이슬람교, 전통 종교, 기독교
- 통화: CFA 프랑
- 시차: −9시간

인사말: 포르투갈 어   ※고맙습니다.: 남자는 '**오브리가도**(Obrigado).', 여자는 '**오브리가다**(Obrigada).'라고 한다.

NAMIBIA

나미브 모래 바다
(세계 유산)

안녕하세요
헬로
Hello

케이프땅다람쥐

오릭스영양

2,000여 년 전에 그려진
트위펠폰테인 바위그림(세계 유산)

헤레로 족

케이프크로스 곶의 물개

고맙습니다
땡큐
Thank you

안녕히 가세요
굿바이
Goodbye

월비스 베이의 큰홍학

아프리카

나미비아

나미비아공화국
Republic of Namibia
수도: 빈트후크

기후가 전체적으로 건조하고, 하루 중 일교차가 크다. 대서양 해안에 펼쳐지는 나미브 사막은 세계에서 가장 오래된 사막이며, 다양한 야생 동물이 살고 있다. 다이아몬드와 우라늄 등이 주요 수출품이다. 어업으로 새우와 게를 잡는다.

- 면적: 약 82만 4,000km²
- 인구: 약 259만 명
- 주요 언어: 영어, 아프리칸스 어
- 주요 종교: 기독교, 전통 종교
- 통화: 나미비아 달러
- 시차: −7시간

인사말: 영어 157

NIGERIA

염색 천

석유

커다란 바위산 아소 록

안녕하세요
헬로
Hello

수쿠 족 부락(세계 유산)

고맙습니다
땡큐
Thank you

악기 토킹 드럼

땅콩

카사바
(고구마류)

안녕히 가세요
굿바이
Goodbye

나이지리아

나이지리아연방공화국

Federal Republic of Nigeria

수도: 아부자

아프리카에서 인구가 가장 많은 나라이다. 수도 아부자에 있는 아소 록이라고 하는 거대한 바위는 거리의 상징적인 존재이다. 세계 유수의 원유 산출국이며, 농업으로 땅콩이나 카카오 등을 생산한다. 염색은 전통 산업으로, 특히 카노 지역에서 제작한 것이 유명하다.

- 면적: 약 92만 4,000km²
- 인구: 약 1억 9,588만 명
- 주요 언어: 영어, 요루바 어, 하우사 어 등 각 민족어
- 주요 종교: 기독교, 이슬람교, 전통 종교
- 통화: 나이라
- 시차: −8시간

SOUTH SUDAN

임업

주식 가운데 하나인 수수

목축

안녕하세요 **헬로** Hello

고맙습니다 **땡큐** Thank you

안녕히 가세요 **굿바이** Goodbye

백(白)나일 강 유역에 펼쳐진 습지대

아프리카

남수단

남수단공화국

The Republic of South Sudan

수도: 주바

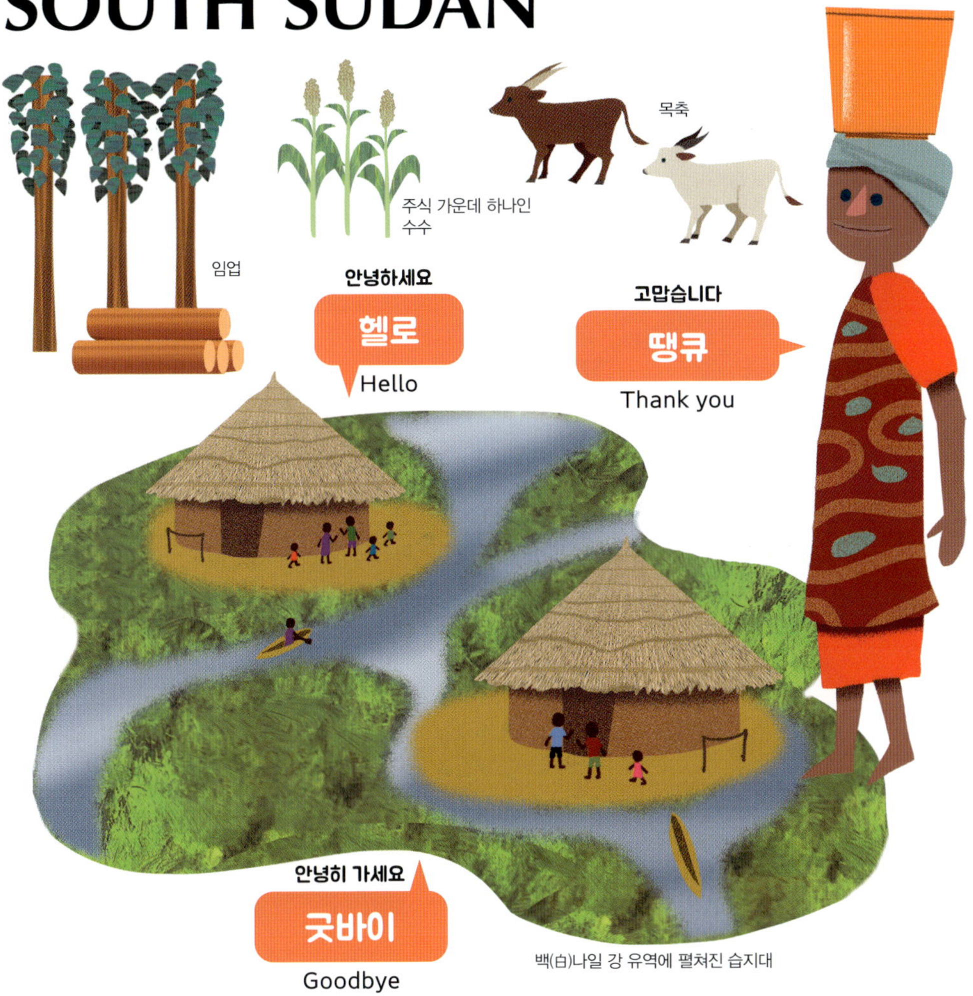

2011년 7월에 수단에서 분리, 독립한 새로운 나라이다. 나라 한가운데에 백나일 강이 흐르며, 그 유역에는 아프리카를 통틀어 가장 넓은 습지대인 수드 습지가 펼쳐져 있다. 나라의 경제를 지탱하고 있는 것은 주로 석유 자원이지만 목재도 많이 수출한다.

- 면적: 약 65만 9,000km²
- 인구: 약 1,292만 명
- 주요 언어: 영어, 아랍 어
- 주요 종교: 기독교, 전통 종교
- 통화: 남수단 파운드
- 시차: −6시간

인사말: 영어 159

SOUTH AFRICA

케이프 식물 보호 구역(세계 유산)의 테이블 산

자카스펭귄

안녕하세요
푸이에미다하
Goeiemiddag

스프링복

은데벨레 족

고맙습니다
당키
Dankie

금이나 다이아몬드 채굴

안녕히 가세요
토토 신스
Tot siens

남아프리카
남아프리카공화국
Republic of South Africa
수도: 프리토리아*

아프리카 대륙 남쪽 맨 끝에 있는 나라이다. 케이프타운을 중심으로 그 주변에 흩어져 있는 식물 보호 구역은 희귀 식물이 많이 서식하는 곳으로, 세계 유산에 등록되어 있다. 케이프 반도의 희망봉은 15세기 대항해 시대에 바스코 다가마가 처음으로 아프리카 대륙 남쪽 끝에 도달한 장소이다.

- 면적: 약 122만 1,000km²
- 인구: 약 5,740만 명
- 주요 언어: 아프리칸스 어, 영어
- 주요 종교: 기독교, 전통 종교, 이슬람교, 힌두교
- 통화: 랜드
- 시차: −7시간

인사말: 아프리칸스 어

※수도는 프리토리아(행정부), 케이프타운(입법부), 블룸폰테인(사법부)의 3개 도시이다.

NIGER

안녕하세요
봉쥬흐
Bonjour

투아레그 족의 캐러밴(대상, 隊商)

사하라 사막

우다베 족의 이동

고맙습니다
메흐씨
Merci

안녕히 가세요
오 흐브아
Au revoir

아가데즈의 모스크
(세계 유산)

호로새

우다베 족

사하라 사막 남부에 있는 나라이다. 남서부에는 나라 이름의 유래가 된 니제르 강(나이저 강)이 흐르고 있다. 북부의 도시 아가데즈에는 500년 전에 만들어진 높이 27m의 탑이 있는 그랜드 모스크가 남아 있다. 공룡 화석이 발견되는 곳으로도 알려져 있다.

니제르

니제르공화국

Republic of Niger

수도: 니아메

- 면적: 약 126만 7,000km²
- 인구: 약 2,231만 명
- 주요 언어: 프랑스 어, 하우사 어, 제르마 어
- 주요 종교: 이슬람교, 전통 종교, 기독교
- 통화: CFA 프랑
- 시차: −8시간

인사말: 프랑스 어

LIBERIA

안녕하세요
헬로
Hello

고맙습니다
땡큐
Thank you

안녕히 가세요
굿바이
Goodbye

팜 야자

카사바(고구마류)

애기하마

고무

라이베리아

라이베리아공화국

Republic of Liberia

수도: 몬로비아

1847년에 미국에서 독립했다. 내륙에는 초원이 펼쳐져 있고, 농지에서는 커피와 쌀, 사탕수수 등을 재배한다. 천연고무와 금 등 광물 자원이 중요한 수출품이다. 보통 하마와 비교해 몸무게가 10분의 1밖에 안 되는 보기 드문 애기하마가 서식하는 곳으로도 알려져 있다.

- 면적: 약 11만 1,000km²
- 인구: 약 485만 명
- 주요 언어: 영어, 각 민족 언어
- 주요 종교: 기독교, 이슬람교, 전통 종교
- 통화: 라이베리아 달러
- 시차: −9시간

LESOTHO

안녕하세요
루메라
Lumela

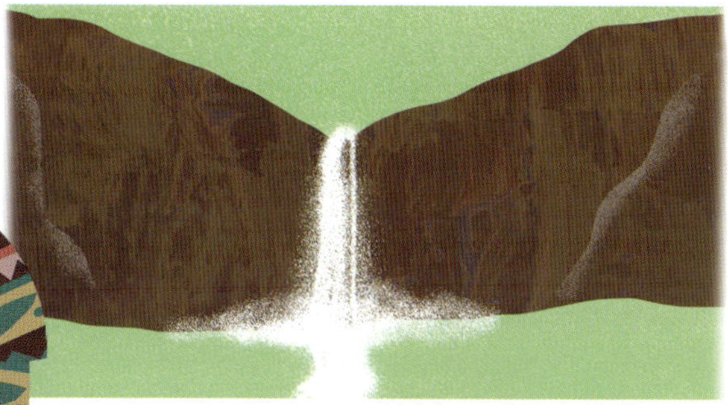

레소토 모자

고맙습니다
캬 레보하
Kea leboha

낙차가 192m에 이르는 말레추냐네 폭포

안녕히 가세요
차마에라 한트
Tsamaea hantle

양치기

남아프리카공화국에 둘러싸여 있는 작은 나라이다. 나라 전체가 높고 험한 드라켄즈버그 산맥 안에 있으며, 목초지에서는 양이나 염소의 방목이 왕성하게 이루어지고 있다. 국기 한가운데에는 밀짚으로 짠 레소토 전통 모자가 그려져 있다.

레소토

레소토왕국

Kingdom of Lesotho

수도: 마세루

- 면적: 약 3만 km²
- 인구: 약 226만 명
- 주요 언어: 소토 어, 영어
- 주요 종교: 기독교
- 통화: 로티
- 시차: −7시간

인사말: 소토 어

RWANDA

커피콩

바나나

안녕하세요
무라호
Muraho

비룽가 산지의 마운틴고릴라

고맙습니다
무라코제
Murakoze

홍차

안녕히 가세요
무라베호
Murabeho

르완다
르완다공화국
Republic of Rwanda
수도: 키갈리

적도 남쪽에 있는 작은 내륙 국가이다. 표고 1,000~4,500m 고지에 있다. 다수 부족인 후투 족과 소수 부족인 투치 족의 대립으로 1990~1994년에 걸쳐 극심한 내전이 일어났다. 커피와 차, 바나나 등의 농업이 행해지며, 주석 등의 광물 자원도 나고 있다.

- 면적: 약 2만 6,000km^2
- 인구: 약 1,250만 명
- 주요 언어: 키냐르완다 어, 프랑스 어, 영어
- 주요 종교: 기독교, 이슬람교
- 통화: 르완다 프랑
- 시차: −7시간

LIBYA

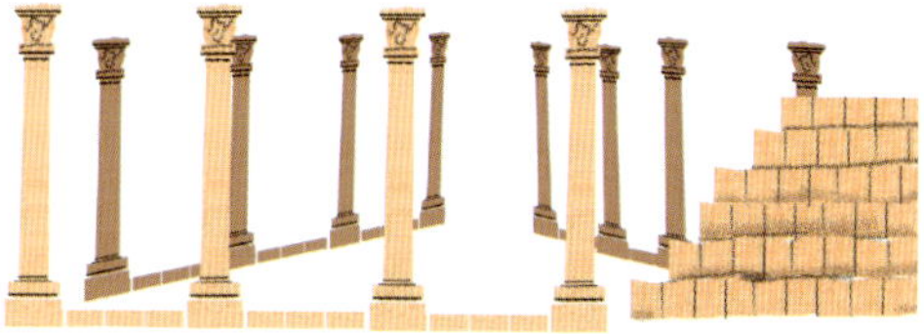

사브라타 고대 유적(세계 유산)

사막의 오아시스

안녕하세요
앗살라무 알라이쿰
السلام عليكم

고맙습니다
슈크란
شكرا

석유

투아레그 족

오아시스 도시 가다메스 구시가지(세계 유산)

안녕히 가세요
마앗 살라마
مع السلامة

리비아

리비아
Libya
수도: 트리폴리

지중해에 접해 있는 나라이며, 국토 대부분이 사막으로 덮여 있다. 세계 유수의 석유 산출국으로, 주로 유럽으로 수출한다. 하얗게 칠한 전통 집과 성벽이 남아 있는 가다메스는 19세기까지 사막의 오아시스로 번영한 도시이며, 세계 유산 가운데 하나이다.

- 면적: 약 176만 km²
- 인구: 약 647만 명
- 주요 언어: 아랍 어
- 주요 종교: 이슬람교(수니파)
- 통화: 리비아 디나르
- 시차: −7시간

(글은 오른쪽에서 왼쪽으로 읽는다.) 인사말: 아랍 어

MADAGASCAR

팅지 드 베마라하
자연 보호 구역(세계 유산)

안녕하세요
마나 오나
Manao ahoana

바오밥나무

카멜레온

고맙습니다
미사오차
Misaotra

안녕히 가세요
벨루마
Veloma

땅 위에서 날듯이 깡충거리며
이동하는 베록스시파카

아침 식사로 먹는 쌀죽

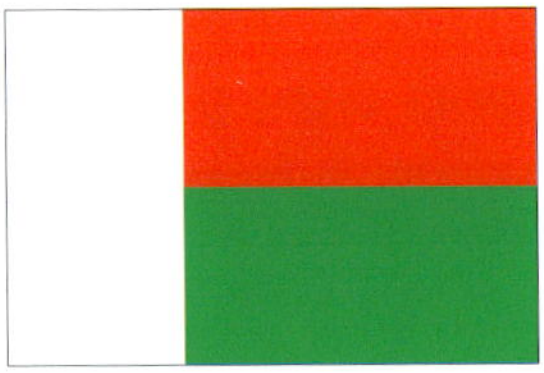

베록스시파카, 다람쥐원숭이, 호랑이꼬리여우원숭이 등 희귀 동물들이 많이 살고 있다. 특히 카멜레온은 70종 이상 된다고 하며, 2012년에는 세계에서 가장 작은 새로운 종도 발견되었다. 신기한 모양의 바오밥 나무가 있는 것으로도 잘 알려져 있다.

마다가스카르

마다가스카르공화국

Republic of Madagascar

수도: 안타나나리보

- 면적: 약 58만 7,000km²
- 인구: 약 2,626만 명
- 주요 언어: 마다가스카르 어, 프랑스 어
- 주요 종교: 전통 종교, 기독교, 이슬람교
- 통화: 아리아리
- 시차: −6시간

인사말: 마다가스카르 어

MALAWI

말라위 호수(세계 유산)

마카다미아너트

참보

안녕하세요
모니
Moni

차나무밭

고맙습니다
지코모
Zikomo

안녕히 가세요
티오나나
Tionana

아프리카

말라위

말라위공화국

Republic of Malawi

수도: 릴롱궤

국토의 약 5분의 1을 차지하는 말라위 호수를 따라 남북으로 길고 가늘게 뻗어 있는 나라이다. 이 호수에서만 볼 수 있는 물고기가 많이 서식하고 있는데, 그중에서도 이 나라에서 자주 먹는 참보라는 물고기가 유명하다. 농업이 왕성하고, 차와 담배, 너트(nut) 등을 많이 생산한다.

- 면적: 약 11만 8,000km²
- 인구: 약 1,916만 명
- 주요 언어: 치체와 어, 영어
- 주요 종교: 기독교, 이슬람교, 전통 종교
- 통화: 말라위 콰차
- 시차: −7시간

인사말: 치체와 어 167

MALI

안녕하세요
봉쥬흐
Bonjour

젠네 구시가지(세계 유산)의 모스크

시장에 늘어놓은 표주박

고맙습니다
메흐씨
Merci

베르베르 인

안녕히 가세요
오 흐브아
Au revoir

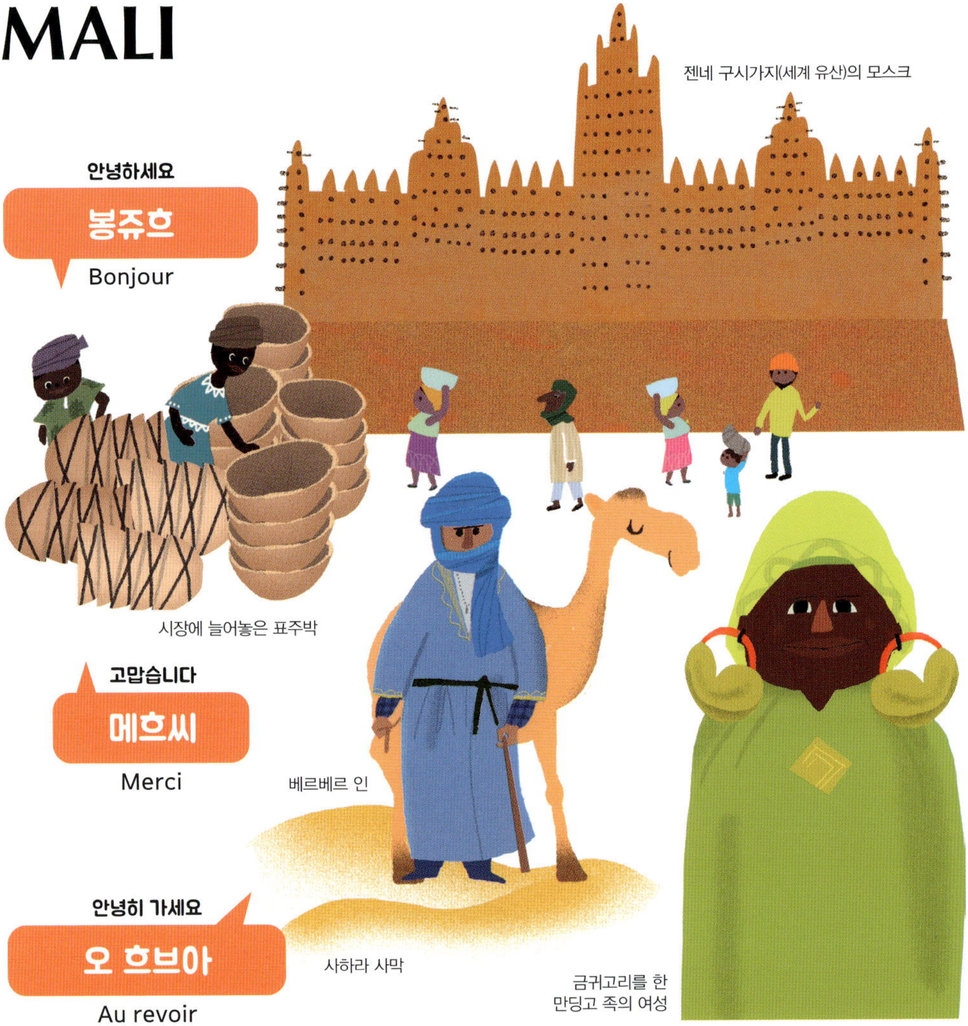

사하라 사막

금귀고리를 한 만딩고 족의 여성

말리

말리공화국

Republic of Mali

수도: 바마코

사하라 사막으로 국토의 3분의 1이 뒤덮여 있는 나라이다. 니제르 강(나이저 강) 지류에 있는 젠네는 일찍이 금과 소금 교역으로 번성한 도시로, 진흙으로 만든 커다란 모스크가 있다. 모스크 앞 광장에서는 매주 월요일에 시장이 성대하게 열린다. 농업으로는 면화 등을 재배하는 데 힘을 쏟고 있다.

- 면적: 약 124만 km²
- 인구: 약 1,911만 명
- 주요 언어: 프랑스 어, 밤바라 어
- 주요 종교: 이슬람교, 기독교, 전통 종교
- 통화: CFA 프랑
- 시차: −9시간

MOROCCO

타진 냄비

아르간 오일

아르간나무에 올라가 열매를 먹는 염소

안녕하세요
앗살라무 알라이쿰
السلام عليكم

고맙습니다
슈크란
شكرا

타일이나 가죽 제품 등 여러 가지 공예품이 넘치는 페스의 구시가지(세계 유산)

안녕히 가세요
마앗 살라마
مع السلامة

모자이크타일

지브롤터 해협을 사이에 두고 약 14km 앞에 유럽 국가 중 가장 가까운 스페인이 있다. 아르간은 이 나라에만 있는 나무로 유명하며, 염소가 나무 위로 올라가 열매를 먹고 뱉어 낸 씨로 만드는 아르간 오일이 특산품이다. 타진이라고 하는 냄비에 넣어 조리한 요리가 명물이다.

모로코

모로코왕국

Kingdom of Morocco

수도: 라바트

- 면적: 약 44만 7,000km^2
- 인구: 약 3,619만 명
- 주요 언어: 아랍 어, 베르베르 어, 프랑스 어
- 주요 종교: 이슬람교(수니파) 외
- 통화: 모로코 디르함
- 시차: −9시간

(글은 오른쪽에서 왼쪽으로 읽는다.) 인사말: 아랍 어

MAURITIUS

안녕하세요
헬로
Hello

고맙습니다
땡큐
Thank you

르몬의 문화 경관(세계 유산)

바닐라 동물원의 코끼리거북

안녕히 가세요
굿바이
Goodbye

마다가스카르 섬 동쪽에 떠 있는 섬들로 이루어진 나라이다. 아름다운 자연이 펼쳐져 있어 해양 리조트 등 관광업이 왕성하다. 지금은 멸종된 날지 못하는 새 도도가 살던 나라로 널리 알려져 있다. 특산품인 바닐라콩에 향을 첨가한 바닐라 차도 유명하다.

모리셔스

모리셔스공화국

Republic of Mauritius

수도: 포트루이스

- 면적: 약 1,969km^2
- 인구: 약 127만 명
- 주요 언어: 영어, 프랑스 어. 크레올 어
- 주요 종교: 힌두교, 기독교, 이슬람교, 불교
- 통화: 모리셔스 루피
- 시차: −5시간

MAURITANIA

안녕하세요
앗살라무 알라이쿰
السلام عليكم

사하라 사막의 캐러밴(隊商)

고맙습니다
슈크란
شكرا

유라시아 대륙에서 날아오는 오스트레일리아사다새

항아리를 이용한 문어잡이

민족의상 멜파하

안녕히 가세요
마앗 살라마
مع السلامة

민족의상 부부

국토 대부분이 사하라 사막으로 덮여 있는 나라이다. 다양한 새가 사는 세계 유산 방다르갱 국립 공원에는 겨울을 나기 위해 유럽이나 시베리아에서 많은 철새들이 날아든다. 대서양 연안에서는 어업이 왕성하며, 문어와 오징어는 대한민국에도 수출되고 있다.

모리타니
모리타니이슬람공화국
Islamic Republic of Mauritania
수도: 누악쇼트

- 면적: 약 103만 1,000km²
- 인구: 약 454만 명
- 주요 언어: 아랍 어, 프랑스 어
- 주요 종교: 이슬람교
- 통화: 우기야
- 시차: −9시간

(글은 오른쪽에서 왼쪽으로 읽는다.) 인사말: 아랍 어

아프리카

MOZAMBIQUE

모잠비크 섬(세계 유산)의 산 세바스티안 요새

안녕하세요
보아 따르지
Boa tarde

캐슈너트

고맙습니다
오브리가다
Obrigada※

악기 팀빌라(나무 실로폰)

안녕히 가세요
아데우스
Adeus

모잠비크
모잠비크공화국
Republic of Mozambique
수도: 마푸투

인도양의 모잠비크 해협에 접해 있는 나라이다. 주요 산업은 농업으로, 캐슈너트와 면화를 재배한다. 근해 모잠비크 섬은 항해사 바스코 다 가마가 찾은 땅으로도 유명하며, 16세기에 만들어진 요새와 교회, 궁전 등이 많이 남아 있다.

- 면적: 약 79만 9,000km²
- 인구: 약 3,053만 명
- 주요 언어: 포르투갈 어
- 주요 종교: 기독교, 이슬람교, 전통 종교
- 통화: 메티칼
- 시차: −7시간

※고맙습니다.: 남자는 '오브리가도(Obrigado).', 여자는 '오브리가다(Obrigada).'라고 한다.

BENIN

안녕하세요
봉쥬흐
Bonjour

부두 교회

아보메 왕궁 유적(세계 유산)

고맙습니다
메흐씨
Merci

안녕히 가세요
오 흐브아
Au revoir

간비에 수상 마을

남북으로 가늘고 긴 나라이다. 기니 만에 접해 있는 남부에는 열대 우림이, 북부에는 고원이 펼쳐져 있다. 남부 도시 아보메에는 17~19세기에 번영했던 왕국의 왕궁 유적이 남아 있다. 농업이 발달했으며, 비누 등의 재료가 되는 팜유나 땅콩 등을 생산한다.

베냉

베냉공화국

Republic of Benin

수도: 포르토노보

- 면적: 약 11만 5,000km²
- 인구: 약 1,149만 명
- 주요 언어: 프랑스 어, 폰 어, 요루바 어
- 주요 종교: 기독교, 이슬람교, 전통 종교
- 통화: CFA 프랑
- 시차: −8시간

아프리카

인사말: 프랑스 어

BOTSWANA

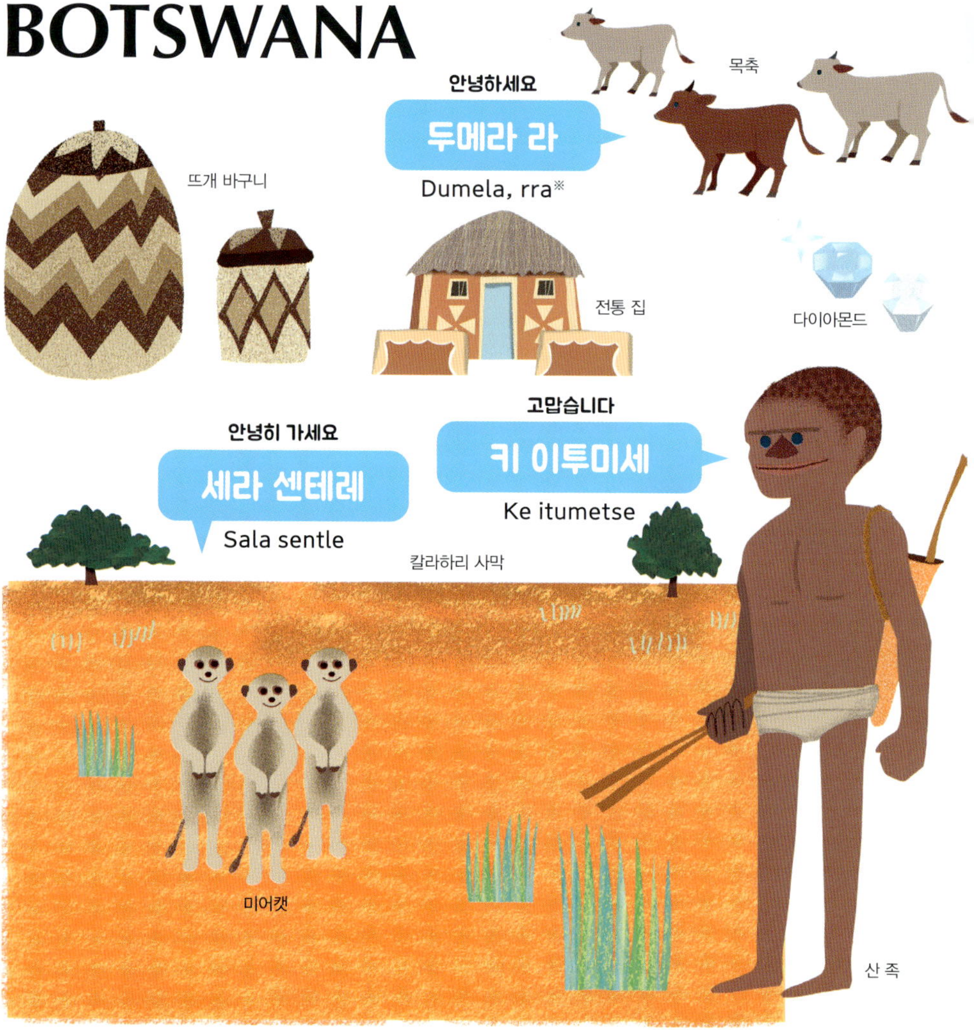

뜨개 바구니

안녕하세요
두메라 라
Dumela, rra※

목축

전통 집

다이아몬드

안녕히 가세요
세라 센테레
Sala sentle

고맙습니다
키 이투미세
Ke itumetse

칼라하리 사막

미어캣

산 족

보츠와나
보츠와나공화국
Republic of Botswana
수도: 가보로네

- 면적: 약 58만 2,000km^2
- 인구: 약 233만 명
- 주요 언어: 츠와나 어, 영어
- 주요 종교: 기독교, 전통 종교
- 통화: 풀라
- 시차: −7시간

아프리카 남부의 내륙 국가이다. 분지를 이루고 있으며, 국토 대부분이 칼라하리 사막과 사바나(대초원)이다. 전통 공예품인 야자 섬유로 만든 뜨개 바구니는 이 나라의 생활에서 빼놓을 수 없는 물건이다. 세계 유수의 다이아몬드 생산국이다.

※안녕하세요.: 남자에게는 '두메라 라(Dumela, rra).', 여자에게는 '두메라 마(Dumela, mma).'라고 한다.

BURUNDI

안녕하세요
봉쥬흐
Bonjour

고맙습니다
메흐씨
Merci

안녕히 가세요
오 흐브아
Au revoir

북춤

차나무밭

커피콩

아프리카

부룬디

부룬디공화국

Republic of Burundi

수도: 부줌부라

적도에 가까운 내륙 국가이지만, 국토의 대부분이 표고 1,500m가 넘는 고원이어서 평균 기온은 그다지 높지 않다. 수출액의 많은 부분을 차지하는 커피콩을 비롯해 차와 면화도 재배하고 있다. 4개국에 걸쳐 있는 탕가니카 호수는 매우 깊으며, 희귀 생물들이 서식하고 있다.

- 면적: 약 2만 8,000km²
- 인구: 약 1,122만 명
- 주요 언어: 프랑스 어, 키룬디 어
- 주요 종교: 기독교(가톨릭교, 개신교) 외
- 통화: 부룬디 프랑
- 시차: −7시간

인사말: 프랑스 어

BURKINA FASO

면화

땅콩

보보디울라소의 그랜드 모스크

안녕하세요
봉쥬흐
Bonjour

고맙습니다
메흐씨
Merci

악기 발라폰

안녕히 가세요
오 흐브아
Au revoir

흙벽을 이어서 지은, 대가족이 사는 카세나 족의 집

남서부의 보보디울라소에 있는 흙으로 만든 이슬람교 사원 그랜드 모스크는 도시를 상징하는 존재이다. 서아프리카 사람들이 연주하는 발라폰은 나무 판과 표주박으로 만든 타악기이다. 농업으로 땅콩과 면화를 재배한다.

부르키나파소

부르키나파소

Burkina Faso

수도: 와가두구

- 면적: 약 27만 3,000km²
- 인구: 약 1,975만 명
- 주요 언어: 프랑스 어, 모시 이, 디우라 어
- 주요 종교: 이슬람교, 기독교, 전통 종교
- 통화: CFA 프랑
- 시차: −9시간

SAO TOME AND PRINCIPE

고맙습니다
오브리가도
Obrigado※

안녕하세요
보아 따르지
Boa tarde

피코 칸 그랜드

카카오

수확한 카카오

안녕히 가세요
아데우스
Adeus

상투메프린시페

상투메프린시페민주공화국

Democratic Republic of Sao Tome and Principe

수도: 상투메

기니 만에 떠 있는 화산섬 상투메 섬과 프린시페 섬, 그 주변의 작은 섬들로 이루어진 나라이다. 상투메 섬의 오보 국립 공원 안에 있는 피코 칸 그랜드는 탑처럼 우뚝 솟은 돌산으로, 정상의 높이는 해발 663m나 된다. 카카오 생산 및 수출이 경제의 중심이다.

- 면적: 약 964km^2
- 인구: 약 21만 명
- 주요 언어: 포르투갈 어
- 주요 종교: 기독교
- 통화: 도브라
- 시차: −8시간

※고맙습니다.: 남자는 '오브리가도(Obrigado).', 여자는 '오브리가다(Obrigada).'라고 한다.

인사말: 포르투갈 어

SENEGAL

안녕하세요
봉쥬흐
Bonjour

주지 국립 조류 보호 구역(세계 유산)의 오스트레일리아사다새

고맙습니다
메흐씨
Merci

망고

안녕히 가세요
오 흐브아
Au revoir

땅콩

세네갈 씨름

아프리카 대륙 서쪽 끝에 있으며, 국토가 감비아를 감싸고 있는 형태이다. 농업이 왕성해 땅콩 등을 재배한다. 주지 국립 조류 보호 구역에서는 오스트레일리아사다새 등 약 300종에 이르는 조류를 볼 수 있다. 람브라고 부르는 세네갈 씨름이 인기이다.

세네갈

세네갈공화국

Republic of Senegal

수도: 다카르

- 면적: 약 19만 7,000km²
- 인구: 약 1,629만 명
- 주요 언어: 프랑스 어, 월로프 어, 풀라 어
- 주요 종교: 이슬람교, 기독교, 전통 종교
- 통화: CFA 프랑
- 시차: −9시간

SEYCHELLES

안녕하세요
봉쥬르
Bonzour

세이셸태양새

쥐가오리

고맙습니다
멜시
Mersi

타이거카멜레온

안녕히 가세요
오 흐브와
Orevwar

코끼리거북

코코 드 메르(겹야자)

아프리카

세이셸

세이셸공화국

Republic of Seychelles

수도: 빅토리아

약 100여 개의 섬으로 이루어져 있으며, '인도양의 마지막 낙원'이라고 말할 정도로 아름다운 자연이 남아 있는 나라이다. 알다브라 환초는 코끼리거북의 세계 최대 서식지로, 15만 마리 이상이 살고 있다. 프레슬린 섬에는 이곳에서만 볼 수 있는 코코 드 메르(겹야자)가 자란다. 관광업이 발달했다.

- 면적: 약 457km²
- 인구: 약 9만 5,000명
- 주요 언어: 크레올 어, 영어, 프랑스 어
- 주요 종교: 기독교
- 통화: 세이셸 루피
- 시차: −5시간

인사말: 크레올 어

SOMALIA

안녕하세요
가라브 와나쿠산
Galab wanaagsan

낙타와 양과 당나귀

아비시니아수리부엉이

고맙습니다
마하드 사니드
Mahad sanid

안녕히 가세요
나바드 게르요
Nabad gelyo

유목민

코코넛

코코넛으로 만드는 과자 가샤토

남부로 적도가 지나가고 연평균 기온이 30℃ 이상 되는 지방도 있는 더운 나라이다. 인도양으로 튀어나와 있는 지형으로 '아프리카의 뿔'이라고 한다. 국민의 대다수가 유목민으로, 양이나 낙타 등의 목축이 활발하다. 코코넛으로 만드는 가샤토는 이 나라에서 인기 있는 과자이다.

소말리아

소말리아연방공화국

Federal Republic of Somalia

수도: 모가디슈

- 면적: 약 63만 8,000km²
- 인구: 약 1,518만 명
- 주요 언어: 소말리 어, 아랍 어, 영어, 이탈리아 어
- 주요 종교: 이슬람교
- 통화: 소말리아 실링
- 시차: −6시간

SUDAN

피라미드 군이 점처럼 흩어져 있는 메로에 유적(세계 유산)

안녕하세요
앗살라무 알라이쿰
السلام عليكم

아라비아고무는 그림 도구나 크레용에도 쓰인다.

고맙습니다
슈크란
شكرا

아라비아고무

백나일 강과 청나일 강의 합류 지점

안녕히 가세요
마앗 살라마
مع السلامة

수수죽

수단

수단공화국

The Republic of the Sudan

수도: 하르툼

백나일 강과 청나일 강이 수도 하르툼에서 합류해 하나의 나일 강이 되어 이집트까지 흐른다. 메로에는 기원전에 이 땅에 있었던 왕국의 유적이다. 농업이 왕성하고, 밀이나 면화, 접착제 원료가 되는 아라비아고무 등을 재배하고 있다.

- 면적: 약 186만 1,000km^2
- 인구: 약 4,151만 명
- 주요 언어: 아랍 어, 영어, 각 민족 언어
- 주요 종교: 이슬람교, 전통 종교, 기독교
- 통화: 수단 파운드
- 시차: −7시간

(글은 오른쪽에서 왼쪽으로 읽는다.) 인사말: 아랍 어

SIERRA LEONE

수도 프리타운의 상징 목화나무

안녕하세요
헬로
Hello

안녕히 가세요
굿바이
Goodbye

고맙습니다
땡큐
Thank you

다이아몬드 채굴

카카오

카사바(고구마류)

음식물을 찧거나 빻는 도구

땅콩

대서양에 접해 있는 해안에는 맹그로브 숲이 이어져 있고, 내륙에는 고원이 펼쳐져 있다. 수도 프리타운에는 나이가 500년에 이르는 목화나무가 있어 도시의 상징이 되고 있다. 다이아몬드나 알루미늄의 원료로 쓰이는 보크사이트 등 광물 자원이 풍부한 나라이다.

시에라리온
시에라리온공화국
Republic of Sierra Leone
수도: 프리타운

- 면적: 약 7만 2,000km^2
- 인구: 약 772만 명
- 주요 언어: 영어, 템네 어, 멘데 이 외
- 주요 종교: 이슬람교, 기독교, 전통 종교
- 통화: 레온
- 시차: −9시간

ALGERIA

안녕하세요
앗살라무 알라이쿰
السلام عليكم

음자브 계곡(세계 유산)의
시디 브라힘 모스크

고맙습니다
슈크란
شكرا

타실리 나제르 산맥의 동굴 벽화(세계 유산)

안녕히 가세요
마앗 살라마
مع السلامة

사하라 사막

알제리
알제리민주인민공화국
People's Democratic Republic of Algeria
수도: 알제

국토의 약 80%가 사막으로 덮여 있는 나라이다. 사하라 사막의 오아시스에 있는 음자브 계곡은 1,000년에 걸쳐 사하라 무역의 중요한 장소가 되었다. 타실리 나제르는 남동쪽에 있는 산맥으로, 수천 년 전에 양, 소, 말, 사냥꾼 등을 그린 벽화가 남아 있다.

- 면적: 약 238만 2,000km²
- 인구: 약 4,201만 명
- 주요 언어: 아랍 어, 베르베르 어, 프랑스 어
- 주요 종교: 이슬람교(수니파)
- 통화: 알제리 디나르
- 시차: −8시간

인사말: 아랍 어 (글은 오른쪽에서 왼쪽으로 읽는다.)

아프리카

ANGOLA

안녕하세요
보아 따르지
Boa tarde

루아카나 폭포

고맙습니다
오브리가도
Obrigado※

검은영양

금과 다이아몬드

안녕히 가세요
아데우스
Adeus

커피콩

석유

서쪽은 대서양과 접해 있으며, 콩고민주공화국을 사이에 두고 본토와 떨어져 있는 지역에도 땅이 있다. 지하자원이 풍부해서 석유와 다이아몬드 등을 많이 수출한다. 나미비아 국경 근처에 낙차가 약 120m나 되는 루아카나 폭포가 있다. 생선과 채소를 끓인 무암바라는 스튜가 유명하다.

앙골라

앙골라공화국

Republic of Angola

수도: 루안다

- 면적: 약 124만 7,000km²
- 인구: 약 3,077만 명
- 주요 언어: 포르투갈 어
- 주요 종교: 기독교(가톨릭교, 개신교), 전통 종교
- 통화: 콴자
- 시차: −8시간

※고맙습니다.: 남자는 '**오브리가도**(Obrigado).', 여자는 '**오브리가다**(Obrigada).'라고 한다.

ERITREA

장미 재배

안녕하세요
앗살라무 알라이쿰
السلام عليكم

에리트레아 철도

고맙습니다
슈크란
شكرا

아프리카야생당나귀

닭고기와 토마토를 넣고 끓이는 도로왓

안녕히 가세요
마앗 살라마
مع السلامة

홍해에 접해 있는 도시 마사와에서 낙타 타기

낙타 시장과 목재 시장

아프리카

국토는 가늘고 길며, 홍해와 접한 연안의 평야와 내륙의 고원 지대로 이루어진 나라이다. 가축 당나귀의 조상인, 다나킬 사막에 사는 아프리카야생당나귀는 멸종 위기에 처해 있다. 닭고기와 토마토를 끓인 뒤 삶은 달걀을 넣어 먹는 도로왓은 전통 잔치 음식이다.

에리트레아

에리트레아국

State of Eritrea

수도: 아스마라

- 면적: 약 11만 8,000km²
- 인구: 약 519만 명
- 주요 언어: 아랍 어, 티그리냐 어, 영어
- 주요 종교: 이슬람교, 기독교 외
- 통화: 낙파
- 시차: -6시간

177

인사말: 아랍 어 (글은 오른쪽에서 왼쪽으로 읽는다.)

ESWATINI

안녕하세요
헬로
Hello

사파리

고맙습니다
땡큐
Thank you

전통 집

사탕수수

스와지 족

그레이프프루트

안녕히 가세요
굿바이
Goodbye

※구 스와질란드
에스와티니

에스와티니왕국

Kingdom of Eswatini

수도: 음바바네

남아프리카와 모잠비크에 둘러싸여 있는 작은 나라이다. 왕이 통치하는 왕정 국가이며, 최대 부족은 스와지 족이다. 서부는 산악 지대로 비가 많이 오고, 동부는 초원이 펼쳐져 있다. 농업과 목축업이 왕성하며, 오렌지나 그레이프프루트 같은 감귤류와 사탕수수를 재배한다.

- 면적: 약 1만 7,000km²
- 인구: 약 139만 명
- 주요 언어: 영어, 시스와티 어
- 주요 종교: 기독교, 전통 종교
- 통화: 릴랑게니
- 시차: −7시간

ETHIOPIA

랄리벨라 암굴 교회(세계 유산)

아프데라 호수의 소금 나르는 낙타

안녕하세요
테나 이스투리누
ጤና ይስጥልኝ

고맙습니다
누메세그나로
እመሰግናለሁ

커피 발상지

무르시 족

인제라

안녕히 가세요
다나 호누
ደህና ሁኑ

도루비 족의 집

아프리카

아프리카에서 3,000년 이상 독립을 지켜 오고 있는 유일한 나라이다. 커피의 발상지이며, 많은 국민이 커피를 재배하고 있다. 13세기쯤에 지어진 랄리벨라 암굴 교회가 남아 있다. 인제라라고 하는 크레이프를 주식으로 먹는다.

에티오피아
에티오피아연방민주공화국
Federal Democratic Republic of Ethiopia
수도: 아디스아바바

- 면적: 약 110만 4,000km²
- 인구: 약 1억 753만 명
- 주요 언어: 암하라 어, 영어
- 주요 종교: 기독교, 이슬람교 외
- 통화: 비르
- 시차: −6시간

179

인사말: 암하라 어

UGANDA

안녕하세요
헬로
Hello

악기 아둥구

면화

사탕수수

커피콩

고맙습니다
땡큐
Thank you

검은관두루미

안녕히 가세요
굿바이
Goodbye

넓적부리황새

브윈디 원생 국립 공원(세계 유산)의 마운틴고릴라

우간다

우간다공화국

Republic of Uganda

수도: 캄팔라

남부에 있는 빅토리아 호수는 세계에서 3번째로 크고, 넓적부리황새라고 하는 희귀 생물이 많이 살고 있다. 또한 멸종 위기 종인 마운틴고릴라가 서식하고 있는 나라로도 유명하다. 전통 악기 아둥구는 활처럼 생긴 하프인데, 악기에 앉아서 연주를 한다.

- 면적: 약 24만 2,000km²
- 인구: 약 4,427만 명
- 주요 언어: 영어, 스와힐리 어, 루간다 어
- 주요 종교: 기독교, 전통 종교, 이슬람교
- 통화: 우간다 실링
- 시차: −6시간

EGYPT

안녕하세요
앗살라무 알라이쿰
السلام عليكم

고맙습니다
슈크란
شكرا

스핑크스(세계 유산)

모로헤이야 수프

전통 무용 탄누라

기자의 피라미드 (세계 유산)

안녕히 가세요
마앗 살라마
مع السلامة

아프리카

이집트

이집트아랍공화국

Arab Republic of Egypt

수도: 카이로

나일 강의 혜택으로 옛날부터 번영해 온 땅이다. 4,500년 전에 만들어졌다고 하는 거대한 피라미드와 왕가의 계곡 등 고대 이집트 문명을 알 수 있는 유적이 많이 남아 있다. 탄누라는 화려한 치마를 빙글빙글 돌리면서 추는 민족 무용이다.

- 면적: 약 100만 2,000km²
- 인구: 약 9,938만 명
- 주요 언어: 아랍 어, 영어
- 주요 종교: 이슬람교, 기독교(콥트교)
- 통화: 이집트 파운드
- 시차: −7시간

(글은 오른쪽에서 왼쪽으로 읽는다.) 인사말: 아랍 어

ZAMBIA

빅토리아 폭포, 모시 오아 툰야(세계 유산)는 '울려 퍼지는 물안개'라는 뜻이다.

아프리카물수리(국조)

안녕하세요
헬로
Hello

보름달이 뜬 밤에는 달빛을 받아 무지개가 나타난다.

고맙습니다
땡큐
Thank you

안녕히 가세요
굿바이
Goodbye

아프리카코끼리

코발트와 구리 채굴

표범

잠비아

잠비아공화국

Republic of Zambia

수도: 루사카

아프리카 중남부의 표고 700~2,000m 고지에 있는 내륙 국가이다. 짐바브웨와의 국경에 흐르는 잠베지 강에는 너비가 1,700m쯤 되고 최대 낙차가 100m 이상이라고 알려진 세계 최대에 속하는 빅토리아 폭포가 있다. 광물 자원이 풍부해서 구리와 코발트 등의 수출이 나라 경제를 떠받치고 있다.

- 면적: 약 75만 3,000km²
- 인구: 약 1,761만 명
- 주요 언어: 영어, 난자 어 등 민족어
- 주요 종교: 기독교, 전통 종교
- 통화: 잠비아 콰차
- 시차: −7시간

EQUATORIAL GUINEA

비오코 섬의 말라보 화산

석유

비오코 섬의 맨드릴

안녕하세요
부에나스 따르데스
Buenas tardes

팜 야자

고맙습니다
그라씨아스
Gracias

안녕히 가세요
아디오스
Adiós

아프리카

수도가 있는 비오코 섬을 비롯한 섬들과 육지의 리오무니 지역으로 이루어진 나라이다. 나라 이름대로 적도 바로 아래에 있어서 고온 다습한 열대 기후이다. 비오코 섬은 표고 3,008m의 말라보 화산으로도 알려져 있다. 해저 유전에서 나오는 석유가 경제를 떠받치고 있다.

적도기니

적도기니공화국

Republic of Equatorial Guinea

수도: 말라보

- 면적: 약 2만 8,000km^2
- 인구: 약 131만 명
- 주요 언어: 스페인 어, 프랑스 어, 포르투갈 어
- 주요 종교: 기독교, 전통 종교
- 통화: CFA 프랑
- 시차: −8시간

인사말: 스페인 어 191

CENTRAL AFRICAN REPUBLIC

안녕하세요
바라 모
Bala mo

사냥하는 바카 족

서부로랜드고릴라

상가 강 유역의 상가 트리내셔널(세계 유산)

면화

고맙습니다
신기라
Singila

안녕히 가세요
구에조우니
Guengo nzönî

아프리카코끼리

넓적부리황새

과일

중앙아프리카

중앙아프리카공화국

Central African Republic

수도: 방기

나라 이름대로 아프리카 대륙 한가운데에 있으며, 국토의 대부분이 표고 600m에 이르는 고원이다. 면화나 커피콩 등을 재배하고, 다이아몬드와 금 등의 광물도 산출된다. 남부의 국립 공원은 3개국에 걸쳐 있는 상가 강 유역의 자연 보호 구역 가운데 하나이다.

- 면적: 약 62만 3,000km²
- 인구: 약 474만 명
- 주요 언어: 상고 어, 프랑스 어
- 주요 종교: 기독교, 이슬람교, 전통 종교
- 통화: CFA 프랑
- 시차: −8시간

인사말: 상고 어

DJIBOUTI

세계에서 가장 더운 나라 가운데 하나이다.

아베 호수

안녕하세요
봉쥬흐
Bonjour

안녕히 가세요
오 흐브아
Au revoir

양과 염소

가젤

고맙습니다
메흐씨
Merci

아살 호수의 소금 나르는 낙타

고기와 채소를 넣고 빚어서
기름에 튀긴 사모사

국토 대부분이 사막이나 반사막이다. 여름에는 한낮 기온이 50℃를 넘기도 하는 가장 더운 나라 가운데 하나이다. 세계에서 염분 농도가 가장 높은 소금 호수인 아살 호수는 해발 −157m에 위치한다. 이 호수에서 채취한 소금은 신기하게도 둥근 모양이다.

지부티

지부티공화국

Republic of Djibouti

수도: 지부티

- 면적: 약 2만 3,000km²
- 인구: 약 97만 명
- 주요 언어: 프랑스 어, 아랍 어
- 주요 종교: 이슬람교
- 통화: 지부티 프랑
- 시차: −6시간

아프리카

인사말: 프랑스 어

ZIMBABWE

빅토리아 폭포, 모시 오아 툰야(세계 유산)

안녕하세요
헬로
Hello

고맙습니다
땡큐
Thank you

안녕히 가세요
굿바이
GoodBye

악기 무비라

주식으로 먹는 흰 옥수수

4개국에 둘러싸인 내륙 국가이다. 잠비아와의 국경에 낙차가 아프리카 최대인 빅토리아 폭포가 있다. 공업이 왕성하고, 풍부하게 채굴되는 구리와 니켈 등으로 금속 제품을 생산한다. 흰 옥수숫가루를 따뜻한 물에 이겨서 만드는 사드자라고 하는 된죽을 주식으로 먹는다.

짐바브웨

짐바브웨공화국

Republic of Zimbabwe

수도: 하라레

- 면적: 약 39만 1,000km^2
- 인구: 약 1,691만 명
- 주요 언어: 영어, 쇼나 어, 은데벨레 어
- 주요 종교: 기독교, 전통 종교
- 통화: 미국 달러 외
- 시차: −7시간

CHAD

악어
하마
응앙가 호수군(세계 유산)

안녕하세요
봉쥬흐
Bonjour

고맙습니다
메흐씨
Merci

우오다베 족

안녕히 가세요
오 흐브아
Au revoir

차드

차드공화국

Republic of Chad

수도: 은자메나

사하라 사막에 있는 응앙가 호수군은 진한 소금물 호수를 비롯해 초목이 자라고 물고기가 사는 담수에 가까운 호수 등 모두 18개의 호수로 이루어져 있다. 1만 년 전에는 하나의 호수였다고 한다. 북동부의 엔네디 산지에는 사하라에 서식하는 마지막 악어인 사막나일악어와 하마가 살고 있다.

- 면적: 약 128만 4,000km²
- 인구: 약 1,535만 명
- 주요 언어: 프랑스 어, 아랍 어 등
- 주요 종교: 이슬람교, 기독교
- 통화: CFA 프랑
- 시차: −8시간

인사말: 프랑스 어

CAMEROON

안녕하세요
봉쥬흐
Bonjour

반나 족의 호리병박 모자

고맙습니다
메흐씨
Merci

돌과 흙과 풀로 만든 포고트 족의 집

바밀레케 족

맨드릴

드야 동물 보호 구역(세계 유산)에 사는 바카 족의 집

안녕히 가세요
오 흐브아
Au revoir

200개 가까운 민족이 사는 나라이다. 열대 우림이 펼쳐져 있는 드야 동물 보호 구역에는 1,500종 이상의 식물이 자라고, 여러 가지 새와 동물들이 살고 있다. 옛날 그대로의 수렵 채집 중심의 생활을 이어 가는 바카 족만이 보호 구역 안에서 사는 것이 허용되어 있다.

카메룬

카메룬공화국

Republic of Cameroon

수도: 야운데

- 면적: 약 47만 6,000km²
- 인구: 약 2,468만 명
- 주요 언어: 프랑스 어, 영어, 각 민족어
- 주요 종교: 기독교, 전통 종교, 이슬람교
- 통화: CFA 프랑
- 시차: −8시간

196　인사말: 프랑스 어

CABO VERDE

안녕하세요
보아 따르지
Boa tarde

고맙습니다
오브리가도
Obrigado※

모래 언덕이 펼쳐져 있는 보아비스타 섬

라소 섬의 고유종 라소종달새

랍스터

안녕히 가세요
아데우스
Adeus

물 긷기

어업

크고 작은 15개 섬으로 이루어진 나라로, 그 가운데 사람이 사는 곳은 9개 섬이다. 포구 섬은 섬 전체가 화산으로, 2014년에도 분화가 확인되었다. 무인도인 라소 섬에는 이 나라 고유종인 라소종달새가 산다. 어업이 왕성하며, 랍스터 등이 잡힌다.

카보베르데
카보베르데공화국
Republic of Cabo Verde
수도: 프라이아

- 면적: 약 4,033km²
- 인구: 약 55만 명
- 주요 언어: 포르투갈 어, 크레올 어
- 주요 종교: 기독교(가톨릭교)
- 통화: 카보베르데 에스쿠도
- 시차: −10시간

※고맙습니다.: 남자는 '**오브리가도**(Obrigado)', 여자는 '**오브리가다**(Obrigada)'라고 한다.

인사말: 포르투갈 어

KENYA

아프리카코끼리

나이로비 국립 공원
그랜트얼룩말

사자

안녕하세요
후잠보
Hujambo

기린

마사이 족

점핑 댄스

안녕히 가세요
크와 헤리
Kwa heri

고맙습니다
아산테
Asante

홍차

만다지
(기름에 튀긴 삼각형 빵)

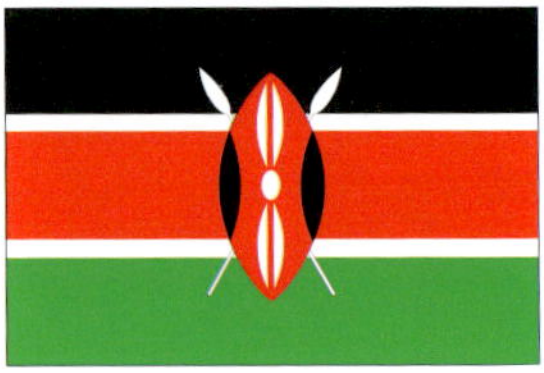

나라 한가운데에 적도가 지나가고, 대부분이 1,000m가 넘는 고원이다. 나이로비 국립 공원을 비롯해 약 60개의 야생 동물 보호 구역이 있으며, 관광객들이 많이 찾는다. 홍차 수출량은 세계 1위이다. 아침 식사나 간식으로 먹는 만다지라고 하는 튀긴 빵이 명물이다.

케냐

케냐공화국

Republic of Kenya

수도: 나이로비

- 면적: 약 59만 2,000km²
- 인구: 약 5,095만 명
- 주요 언어: 스와힐리 어, 영어
- 주요 종교: 기독교, 이슬람교, 전통 종교
- 통화: 케냐 실링
- 시차: −6시간

인사말: 스와힐리 어

COMOROS

안녕하세요
봉쥬흐
Bonjour

고맙습니다
메흐씨
Merci

실러캔스

시나몬 잎

시나몬

햇빛을 막기 위해서이기도 하고, 흰 가루를 바르는 여성

바닐라 꽃

바닐라

안녕히 가세요
오 흐브아
Au revoir

코모로

코모로연합

Union of Comoros

수도: 모로니

모잠비크 해협에 떠 있는 3개의 화산섬으로 이루어진 나라이다. 가까운 바다에 '살아 있는 화석'이라고 불리는 3억~4억 년 전부터 존재했던 물고기 실러캔스가 살고 있는 것으로도 유명하다. 바닐라와 시나몬, 정향 등 세계에서 손꼽히는 향신료 산지로도 알려져 있다.

- 면적: 약 1,862km²
- 인구: 약 83만 명
- 주요 언어: 프랑스 어, 아랍 어, 코모로 어
- 주요 종교: 이슬람교
- 통화: 코모로 프랑
- 시차: −6시간

인사말: 프랑스 어

COTE D'IVOIRE

가면

야무수크로의 가톨릭교 대성당

안녕하세요
봉쥬흐
Bonjour

카카오

고맙습니다
메흐씨
Merci

안녕히 가세요
오 흐브아
Au revoir

고무

다이아몬드

바나나

코트디부아르

코트디부아르공화국

Republic of Cote d'Ivoire

수도: 야무수크로

수도 야무수크로에는 돔의 높이가 약 150m에 이르는 세계 최대 가톨릭교 대성당이 있다. 농업이 왕성하며, 카카오는 생산량과 수출량 모두 세계 1위를 자랑한다. 다이아몬드 등 광물 자원도 있으며, 최근 몇 년는 해저 유전 개발도 이루어지고 있다.

- 면적: 약 32만 2,000km^2
- 인구: 약 2,491만 명
- 주요 언어: 프랑스 어, 각 민족 언어
- 주요 종교: 이슬람교, 기독교, 전통 종교
- 통화: CFA 프랑
- 시차: −9시간

192

200 인사말: 프랑스 어

REPUBLIC OF CONGO

석유

콩고공작

흰코뿔소

상가 강 유역 노어베일 느도키 국립 공원(세계 유산)의 서부로랜드고릴라

안녕하세요
봉쥬흐
Bonjour

고맙습니다
메흐씨
Merci

안녕히 가세요
오 흐브아
Au revoir

음식물을 찧거나 빻는 도구

주식의 하나인 카사바(고구마류)

땅콩

임업

국토의 반 이상이 열대 우림으로 덮여 있고, 거기서 반출되는 목재를 많이 수출하고 있다. 카메룬, 중앙아프리카 등 3개국에 걸쳐 있는 상가 강 유역의 국가 보호 지역은 귀중한 동식물이 살아가는 75만 ha(헥타르)가 넘는 광대한 자연 보호 구역이다.

콩고공화국

콩고공화국
Republic of Congo
수도: 브라자빌

- 면적: 약 34만 2,000km²
- 인구: 약 540만 명
- 주요 언어: 프랑스 어, 링갈라 어
- 주요 종교: 기독교, 이슬람교, 전통 종교
- 통화: CFA 프랑
- 시차: −8시간

인사말: 프랑스 어

DEMOCRATIC REPUBLIC OF THE CONGO

안녕하세요
봉쥬흐
Bonjour

비룽가 국립 공원(세계 유산)의 마운틴고릴라

오카피

고맙습니다
메흐씨
Merci

보노보

안녕히 가세요
오 흐브아
Au revoir

다이아몬드와 코발트

음식물을 찧거나 빻는 도구

카사바(고구마류)

대서양으로 흘러들어 가는 콩고 강은 유역 면적이 넓은 데다 길이도 아프리카에서 2번째인 약 4,700km를 자랑한다. 강 유역에는 광대한 콩고 분지가 펼쳐져 있어 보노보 등 야생 동물이 서식하고 있다. 코발트나 다이아몬드, 주석 등 풍부한 광물 자원의 혜택을 받고 있다.

콩고민주공화국

콩고민주공화국
Democratic Republic of the Congo
수도: 킨샤사

- 면적: 약 234만 5,000km²
- 인구: 약 8,400만 명
- 주요 언어: 프랑스 어, 스와힐리 어 외
- 주요 종교: 기독교, 이슬람교, 전통 종교
- 통화: 콩고 프랑
- 시차: −7시간~−8시간(킨샤사는 −8시간)

202 인사말: 프랑스 어

TANZANIA

안녕하세요
후잠보
Hujambo

사자

얼룩말

셀루스 동물 보호 구역
(세계 유산)

통가 족의 인사

기린

킬리만자로 국립 공원
(세계 유산)

고맙습니다
아산테
Asante

아프리카코끼리

안녕히 가세요
크와 헤리
Kwa heri

커피콩

바나나

마사이 족

북동쪽에는 아프리카에서 가장 높은 킬리만자로 산(5,895m)이 우뚝 솟아 있다. 빅토리아 호수 주변에는 야생 동물이 많아 사자와 아프리카코끼리 등을 볼 수 있다. 북쪽의 올드바이 계곡에서는 175만 년 전 인류의 뼈 화석이 발견되었다.

탄자니아

탄자니아연합공화국

United Republic of Tanzania

수도: 도도마(다르에스살람)※

- 면적: 약 94만 7,000km²
- 인구: 약 5,909만 명
- 주요 언어: 스와힐리 어, 영어
- 주요 종교: 이슬람교, 기독교, 전통 종교
- 통화: 탄자니아 실링
- 시차: −6시간

※수도는 법률적으로는 도도마이지만, 실질적으로는 다르에스살람이다.

인사말: 스와힐리 어

TOGO

흙으로 만든 바타마리바 족의 집
(세계 유산)

카비에 족의 성년식
격투 행사 에바라

안녕하세요
봉쥬흐
Bonjour

고맙습니다
메흐씨
Merci

커피콩 카카오

면화

호리병박 악기
딸랑이

에베 족의 축제 춤
에베에베

호리병박 바구니

안녕히 가세요
오 흐브아
Au revoir

기니 만에 접해 있는 남북으로 가늘고 긴 나라로, 40개 부족이 살고 있다. 농업이 왕성하며, 초콜릿의 원료가 되는 카카오나 커피콩을 재배한다. 북동쪽의 코타마코에서는 흙으로 만든 전통 주거 부락을 볼 수 있다.

토고

토고공화국

Republic of Togo

수도: 로메

- 면적: 약 5만 7,000km²
- 인구: 약 799만 명
- 주요 언어: 프랑스 어, 카비에 어, 에웨 어
- 주요 종교: 기독교, 전통 종교, 이슬람교
- 통화: CFA 프랑
- 시차: −9시간

인사말: 프랑스 어

TUNISIA

안녕하세요
앗살라무 알라이쿰
السلام عليكم

올리브와 올리브오일

햇볕에 말린 벽돌이나 돌로 만든 남부 전통 집 크살

흰 벽과 튀니지언 블루의 창문과 문이 이어지는 튀니스의 구시가지

고맙습니다
슈크란
شكرا

안녕히 가세요
마앗 살라마
مع السلامة

튀니지

튀니지공화국

Republic of Tunisia

수도: 튀니스

지중해에 접해 있어 고대부터 유럽과 아프리카를 잇는 교역지로서 번영했다. 카르타고 유적과 함께 흰 벽에 문과 창문을 파랗게 칠한 튀니스 구시가지에 많은 관광객들이 찾아온다. 농작물은 올리브를 비롯해 토마토, 밀 등을 생산하고 있다.

- ●면적: 약 16만 4,000km²
- ●인구: 약 1,166만 명
- ●주요 언어: 아랍 어, 프랑스 어
- ●주요 종교: 이슬람교(수니파)
- ●통화: 튀니지 디나르
- ●시차: −8시간

(글은 오른쪽에서 왼쪽으로 읽는다.) 인사말: 아랍 어

■参考文献

外務省 ホームページ（http://www.mofa.go.jp/mofaj）
日本ユネスコ協会連盟 ホームページ（http://www.unesco.or.jp）
国際機関太平洋諸島センター ホームページ（http://blog.pic.or.jp）
各国 在日大使館ホームページ
データブック オブ・ザ・ワールド 2015（編：二宮書店編集部／二宮書店）
世界年鑑2015（編：共同通信社／共同通信社）
世界の国旗ビジュアル大事典 第2版（著：吹浦忠正／学研教育出版）
ポプラディア情報館 世界地理 第2版（監修：田邉裕／ポプラ社）
はじめての国旗えほん（編：永岡書店）
地図で知る 世界こども図鑑（編：昭文社出版編集部／昭文社）
地図で知る世界の国ぐに 新訂第2版（監修：正井泰夫／平凡社）
どんどん知りたくなる！こども世界地図（編：永岡書店）
辞書びきえほん 世界地図（監修：陰山英男／ひかりのくに）
小学生のための世界の国ぐにものしり学習ブック（編：「地球の歩き方」編集室　編・文：どりむ社／ダイヤモンド社）
新版 行ってみたいな あんな国こんな国①〜⑦（著：東菜奈／岩崎書店）
日本とのつながりで見るアジア 過去・現在・未来⑦ オセアニア（著：石出法太／岩崎書店）
世界の国々⑤ アフリカ州（編：帝国書院編集部／帝国書院）
世界の国々⑧ オセアニア州・南極（編：帝国書院編集部／帝国書院）
世界のことば小事典（編：柴田武／大修館書店）
事典 世界のことば141（編：梶茂樹、中島由美、林徹／大修館書店）
世界のことば・出会いの表現辞典（編：石井米雄、千野栄一／三省堂）
アルバニア語基礎1500語（編：直野敦／大学書林）
マルタ語基礎1500語（編：信森廣光／大学書林）
アゼルバイジャン語会話練習帳（編：松谷浩尚／大学書林）
タジク語基礎語彙集（編：縄田鉄男／大学書林）
日本語カタルーニャ語辞典（著：田澤耕／大学書林）
カザフ語・日本語小辞典（著：中嶋善輝／東京外国語大学アジア・アフリカ言語文化研究所）
トルクメン語入門―キリル文字編（著：竹内和夫、福盛貴弘／大東文化大学外国語学部日本語学科福盛研究室）
東ティモールのことば テトゥン語入門（著：青山森人、伊東清悉、市之瀬敦、中村葉子／社会評論社）
日本語―マレーシア語―インドネシア語―英語 4ヶ国語辞典（編・国際語学社編集部／国際語学社）
簡明スワヒリ語―日本語辞典（著：宇野みどり／国際語学社）
新版和羅辞典（著：木下文夫／国際語学社）
まずはこれだけ スワヒリ語（著：宇野みどり／国際語学社）
旅の指さし会話帳14 フィリピン（著：白野慎也／情報センター出版局）
旅の指さし会話帳44 ミャンマー（著：浅井衣衣／情報センター出版局）
旅の指さし会話帳50 ルーマニア（著：土屋咲子／情報センター出版局）
旅の指さし会話帳55 モルディブ（著：三倉奈美／情報センター出版局）
旅の指さし会話帳80 スロバキア（著：近重亜郎／情報センター出版局）
旅の指さし会話帳81 ブータン（著：西田文信／情報センター出版局）
ギリシア語―ギリシアを旅する（著：長屋房夫／三修社）
地球の歩き方 中欧 2015〜2016（編：「地球の歩き方」編集室／ダイヤモンド社）
地球の歩き方 マダガスカル・モーリシャス・セイシェル・レユニオン・コモロ 2015〜2016（編：「地球の歩き方」編集室／ダイヤモンド社）
絵を見て話せるタビトモ会話 マレーシア（著：大田垣晴子、小酒句未果／JTBパブリッシング）
ひとり歩きの会話集22 ミャンマー語（JTBパブリッシング）
CDエクスプレス ベンガル語（著：丹羽京子、町田和彦／白水社）
CDエクスプレス ラテン語（著：岩崎務／白水社）
ニューエクスプレス ルーマニア語単語集（著：鈴木エレナ、鈴木学／白水社）
ニューエクスプレス・スペシャル ヨーロッパのおもしろ言語（監修：町田健／柳沢民雄、佐久間淳一、笹原健、清水誠、田村建一、萩尾生、吉田浩美、入江浩司、水谷驍／白水社）
ポリネシア語入門：サモア語・マオリ語・ハワイ語・日常会話・単語集（著：戸部実之／泰流社）
サモア語会話集（著：岩佐嘉親／泰流社）
実用ソマリア語入門（著：戸部実之／泰流社）
ビスラマ（ヴァヌアツ）語会話集（著：岩佐嘉親／泰流社）
フィジー語実用会話集（著：岩佐嘉親／泰流社）
ニウエィ語二百餘語：語彙から見たニウエィの文化度（著：遠藤澄／ツーワンライフ）
大略ニウエィ語文法一覧（著：遠藤澄／ツーワンライフ）
キリバス語・日本語辞典（著：郡義丸／全国遠洋鰹漁労働組合連合会）
日本語―マオリ語 マオリ語―日本語辞典：日本語の祖語のひとつと言われる南洋の言葉（著：山本徥二／国際語学社）
ツバル語会話入門（著：ナツもんでん奈津代／キョートット出版）
はじめてのピジン語：パプアニューギニアのことば（著：岡村徹／三修社）
MISAOTRA! マダガスカル（著：佐藤純子／新風舎）
チェワ語辞典（編：日本マラウイ協会／青年海外協力協会）
羅和辞典（編：水谷智洋／研究社）

■ 감수자의 말

"세계에는 모두 몇 개 나라가 있습니까?"
초등학교에 이야기를 나누러 가면 항상 듣는 질문입니다. 답은 200개 정도입니다. 국제 연합에 가입한 나라는 193개입니다. 그렇지만 2008년 베이징 올림픽과 2012년 런던 올림픽에 참가한 나라는 204개 나라와 지역입니다. 지역은 대만, 홍콩, 괌 등입니다. 독립 스포츠 단체를 갖고 있는 경우에는 단독으로 올림픽에 참가할 수 있습니다.
각각의 나라와 지역은 모두 다르지만 모두 같습니다. 피부 색깔과 문화는 달라도 평화와 번영을 바라는 인간의 삶과 마음은 비슷하기 때문입니다.
이 책은 각 나라의 어떤 점이 같고 다른지를 그림으로 표현했습니다. 여러분도 같은 점, 다른 점, 그리고 닮은 점을 찾아보세요. 이 책은 자기 나라와 세계를 잘 알아 가는 출발점입니다. 그리고 올림픽을 2, 3배로 즐길 수 있게 도와줄 것입니다.

후키우라 타다마사

감수 후키우라 타다마사
1941년 아키타 시에서 태어났습니다. 와세다 대학교 경제학부를 졸업하고 동대학원을 수료했습니다. 현재 사이타마 대학교 객원교수이자 평론가로 일하고 있으며 난민을 돕는 모임 특별 고문으로 일하는 등 여러 사회 단체에서 활동하고 있습니다.

그린이 테즈카 아케미
1967년 일본 가나가와 현에서 태어나 요코하마에서 자랐습니다. 그래픽 디자인 회사에서 일하다가 1998년부터 프리랜스 일러스트레이터로 활동하고 있습니다. 어학 관련 책과 잡지에 삽화를 많이 그렸고, 다양한 생활용품을 디자인하고 있습니다. 일본 아동 출판 미술가 연맹의 회원입니다.

옮긴이 타카모리 마쓰미
1964년 일본 사가 시에서 태어났습니다. 오래전부터 한국 문화에 관심을 가지고 한국을 여행했습니다. 지금은 일본 규슈의 사가 시에서 재활 의학 학교 교원으로 일하며 한국의 다양한 책을 읽고 있습니다.

세계 나라 사전

2017년 3월 3일 1판 1쇄
2019년 1월 25일 1판 6쇄
2020년 1월 20일 2판 1쇄
2024년 7월 30일 2판 7쇄

*이 책의 개정 2판은 원서 『世界えじてん』의 2019년 개정판에 따라 각 국가의 국명, 국명의 영문 표기, 수도, 면적, 인구, 언어, 종교, 통화, 시차만을 반영했습니다.

그린이: 테즈카 아케미 | 감수: 후키우라 타다마사 | 옮긴이: 타카모리 마쓰미

편집: 최일주, 이혜정 | 디자인: 권소연 | 교정: 한지연 | 제작: 박흥기

마케팅: 이병규, 양현범, 이장열, 김지원 | 홍보: 조민희

인쇄: (주)로얄프로세스 | 제책: 책다움

펴낸이: 강맑실 | 펴낸곳: (주)사계절출판사 | 등록: 제406-2003-034호 | 주소: (우)10881 경기도 파주시 회동길 252 | 전화: 031)955-8588, 8558 | 전송: 마케팅부 031)955-8595 편집부 031)955-8596 | 홈페이지: www.sakyejul.net | 전자우편: skj@sakyejul.com | 페이스북: facebook.com/sakyejulkid | 인스타그램: instagram.com/sakyejulkid | 블로그: blog.naver.com/skjmail

값은 뒤표지에 적혀 있습니다. 잘못 만든 책은 구입하신 서점에서 바꾸어 드립니다.
사계절출판사는 성장의 의미를 생각합니다. 사계절출판사는 독자 여러분의 의견에 늘 귀 기울이고 있습니다.
이 책은 저작권법에 따라 보호받는 저작물이므로 무단 전재와 복제를 금합니다.

ISBN 978-89-5828-806-0 73980

■ **차례 (가나다순)**

국가명

ㄱ

가나 …………………… 152
가봉 …………………… 153
가이아나 ……………… 99
감비아 ………………… 154
과테말라 ……………… 100
그레나다 ……………… 101
그리스 ………………… 52
기니 …………………… 155
기니비사우 …………… 156

ㄴ

나미비아 ……………… 157
나우루 ………………… 135
나이지리아 …………… 158
남수단 ………………… 159
남아프리카 …………… 160
네덜란드 ……………… 53
네팔 …………………… 5
노르웨이 ……………… 54
뉴질랜드 ……………… 136
니우에 ………………… 137
니제르 ………………… 161
니카라과 ……………… 102

ㄷ

대한민국 ……………… 6
덴마크 ………………… 55
도미니카 ……………… 103
도미니카공화국 ……… 104
독일 …………………… 56
동티모르 ……………… 7

ㄹ

라오스 ………………… 8
라이베리아 …………… 162
라트비아 ……………… 57
러시아 ………………… 58
레바논 ………………… 9
레소토 ………………… 163
루마니아 ……………… 59
룩셈부르크 …………… 60
르완다 ………………… 164
리비아 ………………… 165
리투아니아 …………… 61
리히텐슈타인 ………… 62

ㅁ

마다가스카르 ………… 166
마셜제도 ……………… 138
말라위 ………………… 167
말레이시아 …………… 10
말리 …………………… 168
멕시코 ………………… 105
모나코 ………………… 63
모로코 ………………… 169
모리셔스 ……………… 170
모리타니 ……………… 171
모잠비크 ……………… 172
몬테네그로 …………… 64
몰도바 ………………… 65
몰디브 ………………… 11
몰타 …………………… 66
몽골 …………………… 12
미국 …………………… 106
미얀마 ………………… 13
미크로네시아연방 …… 139

ㅂ

바누아투 ……………… 140
바레인 ………………… 14
바베이도스 …………… 107
바티칸 ………………… 67
바하마 ………………… 108
방글라데시 …………… 15
베냉 …………………… 173
베네수엘라 …………… 109
베트남 ………………… 16
벨기에 ………………… 68
벨라루스 ……………… 69
벨리즈 ………………… 110
보스니아헤르체고비나 … 70
보츠와나 ……………… 174
볼리비아 ……………… 111
북마케도니아 ………… 71
부룬디 ………………… 175
부르키나파소 ………… 176
부탄 …………………… 17
북한 …………………… 18
불가리아 ……………… 72
브라질 ………………… 112
브루나이 ……………… 19

ㅅ

사모아 ………………… 141
사우디아라비아 ……… 20
산마리노 ……………… 73
상투메프린시페 ……… 177
세네갈 ………………… 178
세르비아 ……………… 74
세이셸 ………………… 179
세인트루시아 ………… 113
세인트빈센트그레나딘제도 … 114
세인트크리스토퍼네비스 … 115
소말리아 ……………… 180
솔로몬제도 …………… 142
수단 …………………… 181
수리남 ………………… 116
스리랑카 ……………… 21
스웨덴 ………………… 75
스위스 ………………… 76